JN217350

QUANTUM COMPUTING

量子計算理論

量子コンピュータの原理

森前智行 [著]
TOMOYUKI MORIMAE

森北出版株式会社

まえがき

　本書は，量子計算の理論について，基礎から最新の研究成果までを解説することを目的としている．量子計算機というのは，ミクロな世界を記述する物理理論である量子論に基づいて動作する計算機のことであり，我々が現在使っている計算機，つまり古典計算機をはるかに凌駕する計算能力をもつと期待されている．

　本書の前半部分は，基礎の説明である．基礎の部分については，線形代数と確率の知識のみで理解できるように努めた．まず，古典計算をベクトルと演算子で表す．次に，その古典計算を，「確率」が負の値もとれるように拡張することにより量子計算を導出する．量子計算の論文を読んだり研究を進めたりするうえで重要となるこの分野の常識やツールなどについても説明する．

　量子計算は伝統的には回路モデルというもので研究がされてきたが，最近，測定型量子計算という新しい量子計算のスキームが提案された．本書でもそれを頻繁に使うため，その基礎について簡単に説明しておく．

　また，量子計算がどのくらいの計算能力をもつのかを定量的に分析するうえでは，計算量理論の理解は不可欠である．本書では，計算量理論の必要最小限の知識についても解説する．

　本書の後半部分は，最新の研究成果について紹介する．まず，状態の検証とその応用について説明する．状態の検証とは，与えられた状態が正しい状態であるかを，その状態をつくるのに必要な能力をもたないで確認することであり，さまざまな重要な応用をもつ．

　次に，量子対話型証明系について述べる．これは，古典の対話型証明系を量子に拡張したものであり，量子ならではのさまざまな面白さが現れる，非常に楽しい研究テーマである．

　さらに，量子論を少し拡張した物理理論に基づく計算についても紹介する．これは，量子計算の限界を知るという目的だけでなく，量子計算と古典計算の境界を知ることや，量子論がなぜいまのような形をしているのか理解する，といったような，計算機科学や物理学の基礎的かつ重要な問題とも関連してくる．

　最後に，非ユニバーサル量子計算について述べる．古典計算機程度の計算能力しかないように見えるにもかかわらず，古典計算機ではシミュレートできないような量

子計算モデルの例が近年いくつか見つかっている．そのようなモデルは非ユニバーサル量子計算モデルとよばれており，基礎理論，実験の両面から大きな注目を集めている．本書ではとくに，IQP，DQC1 という二つの主要なモデルについて詳しく説明する．

　量子情報・量子計算は非常に新しい研究分野であり，若い人がすぐに最前線に立って活躍できる．本書で得た基礎知識をもとに，自ら研究を進めて，新しい結果をどんどん生み出す若手が多く現れてくれることを強く期待する．

　本書の内容は，多くの方々との議論や共同研究に基づいている．とくに，以下の方々には，いろいろなことを教えていただいたこと，また，いつも楽しい議論をしていただいていることに感謝する（五十音順，敬称略）．

小柴健史（早稲田大学），小林弘忠（国立情報学研究所），竹内勇貴（大阪大学），谷誠一郎（日本電信電話），西村治道（名古屋大学），林正人（名古屋大学），藤井啓祐（京都大学），フランソワルガル（京都大学）

2017 年 10 月

著　者

目　次

第 1 章

はじめに

1.1 量子論とは

本書のテーマは量子計算（quantum computing）である．しかし，まずそもそも量子計算の「量子」（quantum）とは何だろうか？ これは，物理理論の一つである量子論からきている（量子物理，量子力学ともよばれ，英語では quantum theory, quantum physics, quantum mechanics などとよばれる）．物理理論にはほかにもニュートン力学，マクスウェル電磁気学，相対性理論，熱力学，統計力学などがあり，物理系の学生であれば，学部のうちに量子論も含めてこれらはすべて習っているであろう．物理系でない読者は，これらを知らないかもしれないが，本書ではこれらの知識はまったく必要ない．さらに，通常物理系や化学系の学部の授業で習うような伝統的な「量子力学」の知識（たとえばコンプトン効果，波動関数，井戸型ポテンシャルなど）もすべて必要ない．実は，量子計算の研究をするには，学部レベルの線形代数と確率の基礎的な知識と，後は量子論や量子計算の独特な用語や慣習に対する慣れだけあれば十分なのである（さらに，必要に応じて物理や計算機科学，情報科学などに関する知識を増やしていけばよい）．

物理学は，自然のふるまいを数学を用いて記述することにより，なぜ自然がそうふるまうのかを理解したり，将来どうふるまうのかを予言したりする学問である．その数学的な記述を物理理論とよぶ．たとえば，ニュートン力学は（マクロな）ものが動く様子を微分という数学を使って記述した物理理論であるし，一般相対性理論は幾何学という数学を使って宇宙などのふるまいを記述した物理理論であるといえる．物理理論が正しいのかどうかは，実験により検証される．つまり，ある方法で数学的に記述して理論をつくっても，その理論が予言する結果と，実際の実験結果が異なる場合は，実験と一致するように理論を修正しなければならない．

大昔，りんごが落ちるのを見たり，磁石がくっつくのを見たりした人々が，「なぜそういうことが起こるのか？」を理解したり，あるいは，「ある特定の配置で手を離したら，その後りんごはどう落ちるのか？ 磁石はどうくっつくのか？」を予言した

りするために，ニュートン力学（1687年）やマクスウェル電磁気学（1873年）といった物理理論がつくられた．これらは，今日では古典論（classical theory）や古典物理学（classical physics）などとよばれている．古典論は，車やロボット，飛行機など，マクロなもののふるまいを非常にうまく記述できる物理理論であった．しかし，1900年代のはじめごろから，原子や分子のようなミクロの世界は古典論ではどうもうまく記述できないことが判明するようになった．物理は自然界のふるまいを研究する学問であるため，実験結果と合わない物理理論は修正されなければならない（数学の場合は，それ自身が美しかったり面白かったりするとそれだけで許される）．そこで，多くの研究者により，ミクロの世界を正しく記述できるような新しい物理理論の研究が開始された．その結果，1925年にハイゼンベルク（Heisenberg）により行列力学が，1926年にシュレディンガー（Schrödinger）により波動力学が提案され，現在量子論とよばれる理論が出来上がった†．量子論はミクロな世界の現象を説明し予言することに多く成功してきており，いまのところ，量子論が間違っていることを示すような実験事実は観測されていないため，量子論は正しい理論であると信じられている（もちろん，将来何か新しい実験結果が観測され，量子論が間違っていると判明する可能性はある）．

　ちなみに，古典論は完全に間違いかというとそういうわけではなく，量子論の特別な場合となっており，系のサイズが大きいときなど，ある条件のもとでは，古典論でも高い精度で現象をうまく説明することができる（実際，現実のエンジニアリングの場面においては，大半のものは古典論で説明されたり動きを予測されたりしており，むしろ真に量子論が必要となる場面のほうが少ない）．一般には，「ミクロ」な世界になるにつれて，古典論がどんどん悪い近似になっていき，量子論を必要とするようになる．しかしながら，ミクロとマクロの厳密な定義はまだわかっておらず，どのパラメータ（たとえば系のサイズ，自由度，温度など）の値をどう変えたときに，どの値から量子から古典に切り替わるのかといったことも判明していない．つまり，古典と量子の境界はいまでも明確には解明されていないのである．それをはっきりさせることは，量子論の誕生からいまに至るまで長年，研究者たちの興味を引き続けている重要な研究テーマである．本書で扱う内容は，その境界を「計算」の立場から明らかにしようとしている研究であるともいえる．

　量子論の世界においては，我々が普段の日常生活で養ってきた感覚とはまったく異なる奇妙な現象が多く現れることが知られている．たとえば，次のような例を考えてみよう（図1.1）[82]．いま，部屋に40人の学生がいる．彼らに「男性だったら右

---

†　このストーリーはかなり簡略化されている．量子論誕生のより正確かつ詳細な歴史を知りたい読者は，ウェブサイトやほかの本を参照されたい．

のドアから，女性だったら左のドアから出てください」と伝えて，外で待っていたところ，20 人が右のドアから出てきた．そこで，右のドアから出てきた学生を全員次の部屋に入れ，「学部生だったら右のドアから，大学院生だったら左のドアから出てください」と伝えて外で待った．すると，10 人が右のドアから出てきた．右のドアから出てきた学生を全員次の部屋に入れ，再び「男性だったら右のドアから，女性だったら左のドアから出てください」と伝えて，外で待つ．さて，左右のドアからはそれぞれ何人出てくるだろうか？　日常的な感覚では，当然，右から 10 人である．なぜなら，部屋には男性しかいないはずだからである．しかし不思議なことに，量子論では，このような実験を（もちろん学生ではなくて，原子などのミクロな粒子で）行うと，左右のドアからそれぞれ 5 人ずつ出てくるのである．この不思議な現象の解説は，量子論を数学的に説明した後の 3.1 節で行うことにしよう．

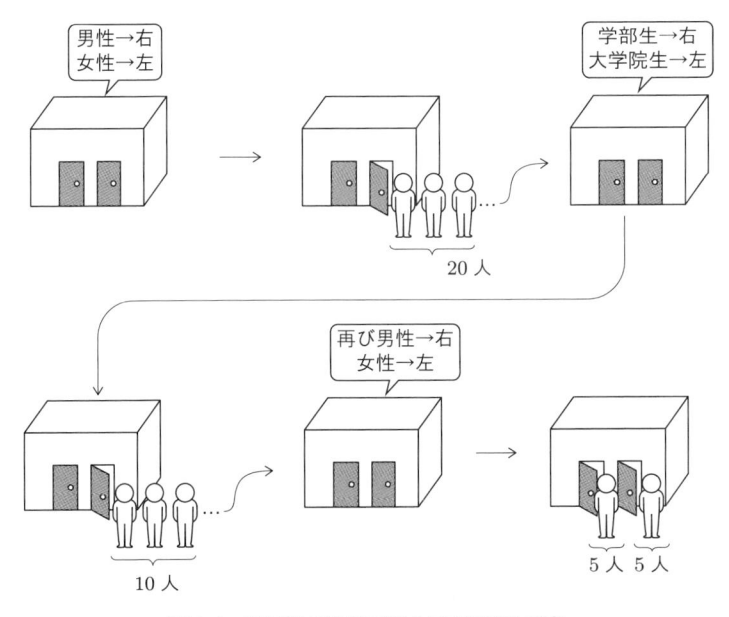

図 1.1　量子論の世界で起きる不思議な現象

このほかにも，量子論では遠く離れた場所に「テレポーテーション」できたり，高い壁をある確率で通り抜けたりすることができる．さらに，量子論においては，系を測定すると系の状態が乱されてしまう．古典物理学においてもそのような現象は起こるが，それは単に測定が雑なだけであり，原理的には系の状態を乱さないで測定することができる．しかし，量子論においては，原理的にそれが不可能なのである．量子論はこのように「気持ちの悪い」ものであるが，しかし，それがいくら気持ち悪いからといっても，長年にわたる多くの実験や理論的研究により導かれたもの

である以上，それを受け入れるのが科学である（もちろん，受け入れたくないので，自分でさらに研究を進め，それが間違っている科学的証拠を示す，という努力をしてもよい．それも立派な科学である．つまり，すべてをゼロから自分一人で構築するのは時間的にも体力的にも不可能なので，ひとまず量子論は先人たちが検証してきているので正しいと認め，その先を自分で研究しようとするか，もしくは，量子論も信用できないからそこを自分で検証しようとするかのどちらかでないといけないといっているのである．ちゃんとした科学的根拠も提示せず，単に「気持ち悪いから間違っている」と主張するのは科学ではない．実際，量子論を超える理論を考える，という面白い研究も世界中で正当な研究者らによりまじめに行われてきている）．たとえば，いまでは誰でも地球は丸いことを知っているが，大昔の人に地球は丸いといっても，「そんなわけないでしょ．それじゃあ反対側の人は下に落ちちゃうでしょ？」といって信じてくれないだろう．実際，普段生活している感覚だけでは，地球は平たいと思うのが普通であり，丸いとは決して思わないだろう．しかし，多くの実験的・理論的研究の結果，地球は丸いと思わないとつじつまが合わないことが判明し，いまでは地球が丸いことが常識となっているのである．同様に，量子論も，「常識」では考えられない変なことが起きるが，それがきちんとした科学的研究に基づいて導かれた（少なくともいまのところ）正しい理論である以上，受け入れざるをえないのである．単に，我々が普段生活しているマクロな世界の様子と，ミクロの世界の様子がだいぶ異なっていたというだけのことなのである．

1.2　本書の内容

　本書の目的は，このような不思議な物理理論に基づいて動作する計算機である量子計算機について考えることである．

　量子計算を研究するモチベーションの一つは，「量子論が引き起こす多くの不思議な現象を情報処理に応用すれば，何かこれまでにないすごいことができるのではないだろうか？」という考えである．これは，物理学者や化学者のような，もともと量子論が古典論とは異なった不思議なふるまいをすることを知っている人たちに受け入れられやすいモチベーションかもしれない．一方で，たとえば計算機科学者や数学者のような量子論にはあまりなじみのない人たちにとっても，量子計算を研究する意義はある．本書の中で詳しく述べていくが，量子計算の研究は古典計算の研究にも役に立つ．たとえば，量子計算はそれ自身が美しい数学的構造をもっており，またさまざまな古典計算機科学や数学の概念と関係してくるので，ミクロの世界を記述する物理理論ということを忘れても，それ自身の数学的研究は純粋に面白いし，

数学や古典計算機科学に大きなヒントを与える．実際，量子計算の手法を使って古典計算機科学における結果を導くような研究も多くある．また，計算機科学にとって最も重要な問題の一つに，「人類がつくりうる究極の計算機は何だろうか？」というものがあるが，物理理論に反するものはつくれないことを考えると，現在最も正しいと考えられている物理理論である量子論に基づく計算機が，その答えとなる．したがって，人類の計算能力の上限を追求していくとき，量子計算は避けて通れない研究対象なのである．

それでは，本書の構成について説明しよう．本書は前半と後半に分かれており，前半では基礎的な知識について解説し，後半では最新の研究について紹介する．量子計算がどう生まれたかなどの歴史については，多くのウェブサイトや教科書に書かれているし，量子計算の研究をするのにはそういった知識は実はそれほど必要ないので，本書では触れない．また，専門家向けに述べておくと，以下のトピックについては，著者の専門ではない，すでにほかの教科書で詳しい説明が与えられている，本書に含めるにはスペースが足りない，などのもろもろの理由により，本書では触れない．

query complexity, communication complexity, エンタングルメント理論, 量子誤り訂正符号, トポロジカル量子計算, 断熱量子計算, KLM スキーム, フェルミオン量子計算と match gate, Bell 不等式, non-local game, 乱数生成, quantum steering, contextuality, magic state distillation, 量子ウォーク, (QKD だけでなく, 広い意味での) 量子暗号, 量子アルゴリズム, (狭い意味での) 量子情報, 連続変数系.

まず，本書の前半部分では，量子計算の基礎について解説する．この部分は，学部レベルの線形代数と確率の知識のみで理解できるように努めている．第2章では，古典計算（つまり，チューリングマシンなどの「通常の」計算機科学の授業で習う計算）を簡単に復習する．本書の特色として，古典計算をベクトルと演算子で表現する．なぜなら，ベクトルと演算子で表現された古典計算を少しだけ修正すれば量子計算になるため，量子計算を理解するのに便利だからである．具体的には，（確率的）古典計算においては計算機は確率的にいろいろな状態をとるわけだが，その確率的混合状態はベクトル（確率ベクトル）で表し，計算機が状態を確率的に変える様子（計算機の確率的遷移）は演算子（確率行列）をそのベクトルに作用させることにより表す（つまり，古典計算をマルコフ連鎖として表現するのである）．

次の第3章では，そのベクトルと演算子で表された古典計算を拡張することによ

り，量子計算を導入する．実は，ベクトルと演算子の要素を複素数に拡張すれば量子計算となるのである．確率ベクトルの場合は，ベクトルの要素の和が1になっていなければならないが，量子計算の場合は，ベクトルの要素の絶対値二乗の和が1になっていなければならないという要請が課される（これは専門的にいえば，古典計算の場合はベクトルのL1ノルムが保存されるのに対し，量子計算の場合はL2ノルムが保存されるということである）．L2ノルムを不変に保つような行列はユニタリ行列なので，量子計算の場合，確率行列ではなくてユニタリ行列を作用させることにより，計算ステップ（計算機の遷移）が表現されることになる．「確率」が複素数になることが，量子計算が古典計算よりも「速い」理由であるとよくいわれるが，これは正確ではない．複素数は二つの実数で表すことができるため，複素数要素のベクトルは，次元を2倍にすれば実数要素のベクトルで表すことができる．したがって，量子計算機の状態も複素ベクトルではなく，実数ベクトルで表すことが可能である．複素数を使うのは，ほかの多くの分野でもそうであるように，単に便利だからである．むしろ，「確率」が複素数ではなくて負になることが，量子計算機が古典計算機より優れている理由である．実際，簡単な例により，「確率」が負になることを利用して，計算パスを対消滅させることができることを示す．古典計算の場合，確率は非負なので，いったん生じた計算パスを消滅させることはできない．このように計算パスを対消滅できる性質が，量子計算が古典計算よりも優れている理由の一つである．

　第3章では，基礎的・概念的な話が中心となるが，次の第4章では，より応用的な話に移る．現在の量子情報・量子計算においてはすでに「常識」となっているため，知っておかなければならないいくつかの基礎知識やツールについて説明する．

　第5章では，測定型量子計算とよばれる，近年提案された新しい量子計算スキームについて説明する．これは，測定により状態が乱されるという量子論特有の性質を使った計算であるため，古典計算には対応物がない量子論特有の計算モデルであるといえる．測定型量子計算については，文献 [53] も参照されたい．また，第2章〜第5章については文中に演習問題を設けているので，理解を深めるのに利用してもらいたい．

　第6章では，計算量理論の基礎を説明する．計算量理論とは，計算機科学における中心的な分野の一つであり，ある問題を解くのにどのくらいのメモリや時間が必要かということを調べる学問である．もともとは古典計算について研究されてきたが，量子計算についても近年多くの研究がなされてきている．量子計算を研究する以上，量子計算が，たとえば古典計算と比べてどう「速い」か，とかどう「優れている」のか，ということの定量的な議論は避けて通れない．物理系の人はこのあた

りを定性的であいまいな議論で済ます場合が多いが，計算量理論という確立された学問分野があるのだから，それをきちんと勉強し，ひとまずはそれに基づいた正確な議論をする必要がある．もちろん，現在の計算量理論がすべてというわけではないので，必要に応じてオリジナルな議論を展開するのはよいが，まずはすでに確立されている理論でどうなっているかを説明するべきである（たとえば，自称「物理学者」がいきなり「多粒子系のふるまいについて新しい驚きの結果がある」と主張し，それをあいまいな，しかも自分で生み出したよくわからない理論で説明し始めたとすると，通常の物理学者であれば，まずは，「それは熱力学の枠組みではどう定量的に説明できるのか，統計物理学の枠組みではどう定量的に説明できるのか，まずはそれを説明してください．」というであろう．それと同じである）．

　以上が本書の前半部分である．本書の後半部分では，最新の研究テーマを紹介する．後半部分は，それまでの基礎編に比べると多少難易度が上がるが，意欲のある学部生，もしくは大学院生以上であれば読めるはずなので，ぜひこれらを基礎としてさらに自分で論文を読み研究を進め，新しい成果を出してほしい．まず，第7章では，状態の検証について説明する．状態の検証とは，他人から与えられた状態が正しい状態かどうかをチェックすることである．もし正しい状態を自分でつくる能力があるのなら，自分で正しい状態をつくり，与えられた状態がそれと同じかどうかを比較すればよいだけなので，状態の検証というのは非常にトリビアルな問題である．しかし面白いことに，自分ではその状態をつくる能力がないにもかかわらず，状態が与えられさえすれば，その正しさだけはチェックすることが可能な場合がある．たとえば，1量子ビットを測定する能力しかなくても，与えられた状態が大きくエンタングルしたある特定の状態かどうかをチェックすることができる．さらに，まったく同じ状態のコピーが何個も送られてくるというような仮定はおかず，悪意をもった人間が任意のエンタングルした状態を送ってくるような場合でも検証が可能なのである．状態の検証は，セキュアクラウド量子計算とよばれる量子暗号プロトコルにおいても重要であるが，これについても簡単に説明する（セキュアクラウド量子計算については，文献 [53] も参照されたい）．

　状態の検証は，量子対話型証明系とよばれる，量子計算量理論における重要な分野でも有用である．量子対話型証明系というのは，古典の対話型証明系を量子に拡張したものであり，近年活発に研究がなされている．対話型証明系とは，計算能力に制限のある検証者（アーサー）と，計算能力に制限のない証明者（マーリン）がメッセージをやりとりすることにより，検証者の能力を超える計算を行うというシステムである．NP の拡張になっているため，計算量理論において非常に重要な概念である．また，暗号や近似アルゴリズムの分野とも密接な関係がある．とくに，「検

証者が量子計算を行うことができる」とか「検証者と証明者の間で量子メッセージをやりとりできる」などのように，量子が出てくる場合は量子対話型証明系とよばれている．第8章では，量子対話型証明系について説明する．状態の検証の量子対話型証明系への応用についても述べる．

第9章では，量子論を拡張した理論に基づく計算について述べる．これらは，量子計算を超える計算ということで，「超量子計算」とよぶことにしよう．人類が実現し得る究極の計算機を追求するうえでは，量子計算機の能力の上限を知ることは必要不可欠である．実際，量子計算機はすごいといっても，どんな問題でも解けるわけではないことがわかっている（たとえば，NP完全問題は解けないだろうと信じられている）．そこで，量子論を多少拡張した理論に基づいて動作する計算機がどのくらいの計算能力をもつのかを調べることにより，「量子計算機では何ができて何ができないのか」が明らかになる．また，面白いことに，超量子計算の研究には #P 関数や GapP 関数などが登場するため，counting complexity とも密接に関係してくる．counting complexity とは，解があるかないかを判定する複雑さではなく，解の個数を数える複雑さを議論するような計算量理論である．さらに，超量子計算の研究は，基礎物理においても重要である．たとえば，なぜ量子論が現在のような形をしているのかという問題は，量子論誕生以来，物理学者たちが興味をもっている重要な基礎的問題であるが，量子論を少し拡張した理論に基づく計算機というものを考え，その計算能力を分析することにより，その基礎的問題に計算量理論の視点からアプローチすることができる．

そして最後に，第10章では，弱い量子計算モデルである「非ユニバーサル量子計算モデル」についての研究を紹介する．この非ユニバーサル量子計算モデルというのは，たとえば，相互作用のない光子を使ったり，交換するゲートを使ったり，非常にノイジーな初期状態を使ったりするような制限された量子計算モデルである．一見すると，これらのモデルは非常に弱い計算能力しかなく，下手をすると古典計算機で効率的にシミュレートできてしまいそうにすら見える．しかし面白いことに，もしこれらのモデルが古典計算機で効率的にシミュレートできたら，「多項式階層の崩壊」という現象が起こることが証明されている．この多項式階層の崩壊というのは計算機科学では起こらないだろうと強く信じられているので（正確ではないが大雑把なイメージとしては，P＝NP が信じられていないようなものである），これは非ユニバーサル量子計算モデルが古典計算機より強力であることを示唆している．また，この非ユニバーサル量子計算モデルは，行列のパーマネント，イジングモデルの分配関数，結び目不変量などと密接な関係があるため，それ自身面白い研究対象でもある．

1.3　量子論の慣習：ブラケット記法

　この章を終えるにあたって，量子論の独特な慣習について述べておこう．量子論は，結局のところ単なる（複素数の）線形代数にすぎない．しかし，量子論には，通常の線形代数では使わないような独特な記法がある．本題に入る前に，ここではその記法について説明しておこう．

　数学ではベクトルを表すのに，$\vec{a}$ のように矢印が使われたりするが，量子論では歴史的に，縦ベクトルを $|a\rangle$ と表す．このような記号 "$|\ \rangle$" はケット（ket）とよばれる．さらに，ベクトル $|a\rangle$ を横ベクトルにして，複素共役をとったものは $\langle a|$ と表される．たとえば，α, β を複素数とし，

$$|a\rangle \equiv \begin{pmatrix} \alpha \\ \beta \end{pmatrix}$$

とするとき，

$$\langle a| \equiv (\alpha^*, \beta^*)$$

である（本書では，$\equiv$ は「定義」を表す．また，α の共役複素数を α^* と表す）．このような記号 "$\langle\ |$" はブラ（bra）とよばれる．このよび方は，英語では，$\langle\ \rangle$ という括弧はブラケット（bracket）とよばれるので，"$\langle\ |$" をブラとよび，"$|\ \rangle$" をケットとよぶというジョークからきている．

　このような記法は，ブラケット記法もしくはディラック（Dirac）記法とよばれる．ブラケット記法を使うと，二つのベクトル $|a\rangle, |b\rangle$ に対し，$\langle a|b\rangle$ はベクトルの内積となる（正確には $\langle a||b\rangle$ と書くべきであるが，真ん中の線を一本取って $\langle a|b\rangle$ と書く習慣がある）．たとえば，$|a\rangle$ を上記の例とし，ある複素数 γ, δ に対し

$$|b\rangle \equiv \begin{pmatrix} \gamma \\ \delta \end{pmatrix}$$

とすると，

$$\langle a|b\rangle = (\alpha^*, \beta^*) \begin{pmatrix} \gamma \\ \delta \end{pmatrix} = \alpha^*\gamma + \beta^*\delta$$

となり，たしかに内積である．とくに，

$$\langle a|a\rangle = (\alpha^*, \beta^*) \begin{pmatrix} \alpha \\ \beta \end{pmatrix} = \alpha^*\alpha + \beta^*\beta = |\alpha|^2 + |\beta|^2$$

となるので, ベクトル $|a\rangle$ の長さの2乗となる.

また, $|a\rangle\langle b|$ は演算子（行列）になる（演算子と行列は厳密には異なるものであるが, 量子論ではこの二つの言葉をとくに区別せず用いることが多いため, 本書でもとくに区別なく用いる）. 実際, 上記の例だと,

$$|a\rangle\langle b| = \begin{pmatrix} \alpha \\ \beta \end{pmatrix} (\gamma^*, \delta^*) = \begin{pmatrix} \alpha\gamma^* & \alpha\delta^* \\ \beta\gamma^* & \beta\delta^* \end{pmatrix}$$

となる. とくに, 長さが1の任意のベクトル $|a\rangle$ に対し, $|a\rangle\langle a|$ は

$$(|a\rangle\langle a|)^2 = |a\rangle\langle a|a\rangle\langle a| = |a\rangle\langle a|$$

なので, ベクトル $|a\rangle$ への射影演算子となる. また, 同様にして, 互いに直交する長さ1のベクトルの組 $\{|\psi_i\rangle\}_i$ に対し,

$$\sum_i |\psi_i\rangle\langle\psi_i|$$

は, $\{|\psi_i\rangle\}_i$ で張られる空間への射影演算子になっていることが確認できる.

つまり, 直感的イメージとしては, 縦線 "|" がある方向は「開いて」おり, 演算子を作用させることができるが, 折れ曲がった線（つまり, "$\langle$" や "$\rangle$" の記号）がある方向は「閉じて」おり, そこからは演算子を作用させることはできないのである.

以上が量子論特有の記法である. このブラケット記法は単なる慣習であり, 必然性はないので, もちろん自分で好きな別の記号を用いてもよい. しかし, 現在ではほとんどすべての量子論関係の論文や教科書でこの記号が使われているので, 慣習に従ったほうが, 自分のためにも他人のためにもよいとは思う.

第2章

古典計算：ベクトルと演算子による表現

　量子計算の説明に入る前に，この章では古典計算について簡単に復習しておこう．古典計算という言葉は，（よく考えてみると，量子計算の研究者しか用いない言葉であるが）文脈によりいろいろな意味で用いられる．たとえば，ニュートン力学やマクスウェル電磁気学など，古典物理理論に基づいて動作する計算のことを指す場合がある．その場合は，要するに「古典計算＝BPP」という意味である（BPP は後で説明するので，何のことかわからない読者もいまは気にする必要はない）．一方で，古典計算といったとき，量子計算以外のすべての計算を指す場合もある．その場合，その「古典計算」には，非決定性チューリングマシンや PP を解けるような計算も含まれることになるが，そのような計算は古典物理理論では記述できないため（たとえば，PP 完全問題は古典どころか量子計算機でも解けないと信じられている），上記の「古典計算＝古典物理理論に基づいて行われる計算」という定義とは異なるものとなる（非決定性チューリングマシンや PP も後で説明するので，何のことかわからない読者もいまは気にする必要はない）．このように，古典計算というのは実は曖昧な言葉である．本書でも，場面に応じていろいろな意味で古典計算という言葉を使うが，文脈で意味は理解できるだろう．古典計算についての教科書は多くあるので，必要に応じてそれらを適宜参考されたい（たとえば文献 [10, 51, 86] など）．

　この章では，古典計算をベクトルと演算子で表現する．その理由は，ベクトルと演算子で表現した古典計算を少しだけ拡張すれば量子計算となるため，次章で量子計算をスムーズに導入できるからである．また，いまの段階からブラケット記法に慣れてもらうため，ベクトルと演算子はわざわざブラケット記法で表すことにする．

　2.1 節では，まず，決定的な古典計算（つまり，乱数を使わず，次の計算ステップが現在の計算機の状態から一意に決定されるモデル）について説明する．2.2 節では，確率的な古典計算（つまり，次の計算ステップが，現在の計算機の状態に加えて，乱数の値により確率的に決定されるモデル）について説明する．

2.1 決定的古典計算

　古典計算を数学的に記述する（モデル化する）方法は，チューリングマシン（Turing machine），ブール回路（Boolean circuit）など数多くあり，それらはある意味「等価」である（たがいにシミュレート可能である）ことが証明されている[†]．また，すべての「物理的に自然な」計算モデルはたがいに等価であろうと信じられている．これは，チャーチ–チューリングのテーゼ（Church–Turing thesis）とよばれている（「物理的に自然」という概念はちゃんと数学的に定義できるものでないし，等価であるという証明もないので，定理ではなく，テーゼ，つまり「正しいだろうと強く信じられている予想」である）．拡張されたチャーチ–チューリングのテーゼ（extended Church–Turing thesis）というものもあり，これは「等価」の意味が，「多項式時間でたがいにシミュレート可能である」となる．上にも述べたように，「物理的に自然」はきちんとした定義があるものではないが，量子計算機は明らかに物理的に自然なモデルなので（むしろ，物理学者からすると，「物理的に自然」の定義がまさに「量子論に基づいている」である），もし量子計算が古典計算よりも強力であることが証明されれば，この拡張チャーチ–チューリングのテーゼは破れてしまうことになる．これについては，量子計算の説明をした後の 3.4 節で再度触れる．

　ここでは，チューリングマシンについて簡単に説明しよう．チューリングマシンとは，チューリング（Turing）により 1936 年に提案された計算モデルである．チューリングマシンは内部状態をもち，また，ビット列を記録するテープと，テープのビット列を読み書きするヘッドをもつ（図 2.1）．ヘッドが読み込んだテープのビット値と自身の内部状態から，次の動作（テープのそのビット値を書き換え，内部状態を変え，ヘッドを右に一つ動かすか，左に一つ動かすか，とどまるか）を決める．この決定ルールを遷移関数（transition function）という．内部状態が停止を意味する特定の状態をとれば計算は終了であり，テープの特定の場所に書かれたビット値が計算結果となる．たとえば，図 2.1 の場合，テープのビット列は 0101001…，ヘッドの位置は 2，内部状態は 010 である．

┃演習問題　チューリングマシンで実際に足し算と掛け算をしてみよ．

　古典計算においては，計算の各時点での計算機の状態は，数字の 0，1 のビット列で表すことができる．たとえば，チューリングマシンの場合，テープのビット列，ヘッドの位置，内部状態を決めれば，計算機の状態は一意に決まる．したがって，そ

[†]　つまり，片方の計算をもう一方の上でシミュレートすることができ，その逆もできるということである．

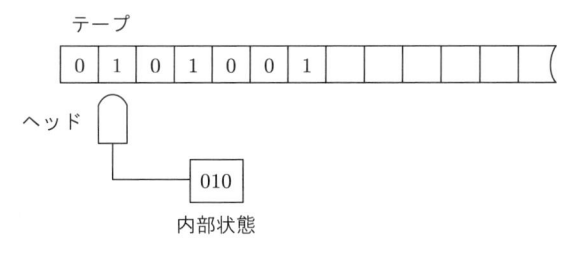

図 2.1　チューリングマシン

れらを一つのビット列で表せば，計算機の状態を一意にビット列で表現することができるのである．ブール回路などのほかの計算モデルでも同様である．

演習問題　チューリングマシンのテープのビット列が 01011，ヘッドの位置が 3，内部状態が 15 であるような状態は，どうやってビット列で表すことができるか？（単純に 3 を 2 進数 11 にして，15 も 2 進数 1111 にして，それらをつなげて 01011111111 としてしまっては，どこまでがテープのビット列を表していて，どこまでがヘッドの位置を表しているのかわからなくなってしまう．どうすればよいだろうか？）

　このように，古典計算においては計算機の状態はビット列で表すことができるが，いま，このビット列をベクトルで表現してみよう．2 次元線形空間の基底ベクトルの二つを

$$|0\rangle \equiv \begin{pmatrix} 1 \\ 0 \end{pmatrix}, \qquad |1\rangle \equiv \begin{pmatrix} 0 \\ 1 \end{pmatrix}$$

と定義する．そして，$|0\rangle$ をビットの 0，$|1\rangle$ をビットの 1 だと思うのである．さらに，ビット列を，この $|0\rangle$，$|1\rangle$ ベクトルのテンソル積（tensor product）で表す．たとえば，5 ビット列 01011 は，五つの 2 次元ベクトルのテンソル積

$$|0\rangle \otimes |1\rangle \otimes |0\rangle \otimes |1\rangle \otimes |1\rangle$$

で表す．これは，記号 $\otimes$ を省略して

$$|0\rangle|1\rangle|0\rangle|1\rangle|1\rangle$$

や

$$|01011\rangle$$

とも書かれる．

　一般に，計算機の状態がある n ビット列 $z \equiv z_1 z_2 \cdots z_n \in \{0, 1\}^n$ $(z_i \in \{0, 1\})$ で

表されるとき，その状態を 2^n 次元ベクトル

$$|z_1\rangle \otimes |z_2\rangle \otimes \cdots \otimes |z_n\rangle$$

で表す．これは，省略して

$$|z_1\rangle|z_2\rangle \cdots |z_n\rangle, \qquad |z_1 z_2 \cdots z_n\rangle, \qquad |z\rangle$$

とも書かれる．このように，計算機の状態を表すベクトルを状態ベクトル（state vector）とよぶことにする（量子論をすでに知っている人はここでにやりとしたであろう）．簡単に確かめられるように，任意の z, $z' \in \{0, 1\}^n$ に対し，

$$\langle z|z'\rangle = \delta_{z,z'}$$

なので，古典計算機の状態は 2^n 次元線形空間の正規直交基底 $\{|z\rangle\}_{z\in\{0,1\}^n}$ の一つで表される，ということもできる．ここで，$\delta_{\alpha,\beta}$ は

$$\delta_{\alpha,\beta} \equiv \begin{cases} 1 & (\alpha = \beta) \\ 0 & (\alpha \neq \beta) \end{cases}$$

という関数である．量子計算では，この基底のことを特別に計算基底（computational basis）とよぶ．また，量子論においては，線形空間のことをヒルベルト空間（Hilbert space）とよんだりもする．厳密には両者は異なるものであるが，とくに区別することなくこの名称も使われる．ヒルベルト空間という難しそうな言葉が出てきて驚いたかもしれないが，単なる線形空間だと思ってよい．

> **注意**　「テンソル積」という SF のような言葉と警察署のような記号 "$\otimes$" に驚いた読者もいるかもしれないが，これは単に複数のベクトルたちをくっつけて新しいベクトルをつくったときに，もとのベクトルたちを区別する仕切り板だと思い，深く考えずに以下のようなルールに基づいて計算すればよい（線形代数の教科書にあるちゃんとしたテンソル積の定義までさかのぼって考え始めるとよけいめんどくさい）．まず，任意の複素数 α, β と任意のベクトル $|\psi\rangle$, $|\phi\rangle$ に対し，
>
> $$(\alpha|\psi\rangle) \otimes (\beta|\phi\rangle) = (\alpha\beta)(|\psi\rangle \otimes |\phi\rangle)$$
>
> となる（つまり，係数は外に出せる）．また，ベクトルのテンソル積の内積は
>
> $$((\langle a| \otimes \langle b|)(|c\rangle \otimes |d\rangle)) = \langle a|c\rangle \langle b|d\rangle$$
>
> となる．そして，ベクトルのテンソル積に演算子 $A \otimes B$ を作用させた場合，
>
> $$(A \otimes B)(|a\rangle \otimes |b\rangle) = (A|a\rangle) \otimes (B|b\rangle)$$
>
> となる（つまり，テンソル積の記号で区切られている中で通常のベクトルと演算子の操作を行えばよいだけである）．

　計算が 1 ステップ進む様子は，計算機の状態を表すビット列の変化で記述できる．たとえば，チューリングマシンの場合，現在の計算機の状態が $z \in \{0, 1\}^n$ だとしよう．計算が 1 ステップ進むと，テープのビット列，内部状態，ヘッドの位置が変化するので，計算機の状態は異なるビット列 $z' \in \{0, 1\}^n$ で表される．したがって，この 1 ステップは，ビット列の変化 $z \to z'$ として表すことができる．

┃演習問題　チューリングマシンが $1 + 1$ を計算する様子を，計算機の状態を表すビット列の変化のシーケンスで記述せよ．

　いま我々は，計算機の状態をビット列 z, z' ではなくて，ベクトル $|z\rangle, |z'\rangle$ で表すのであった．したがって，計算機の状態の変化はビット列の変化 $z \to z'$ ではなく，ベクトルの変化 $|z\rangle \to |z'\rangle$ で表される．線形代数で習ったように，ベクトルの変化はベクトルに演算子を作用させることにより記述できる．たとえば，ビットを反転させる操作 NOT は

$$X \equiv \begin{pmatrix} 0 & 1 \\ 1 & 0 \end{pmatrix}$$

という演算子を作用させれば実現できる．これは，量子計算ではパウリの X 演算子とよばれている[†]．

┃演習問題　$X|0\rangle = |1\rangle, X|1\rangle = |0\rangle$ となることを確認せよ．

　また，三つのビットに作用し，1 番目と 2 番目のビットが 1 のときのみ 3 番目のビットを反転するような操作である TOFFOLI（トフォリ）は

$$T \equiv (I \otimes I - |11\rangle\langle 11|) \otimes I + |11\rangle\langle 11| \otimes X$$

という演算子を作用させることにより実現できる．ここで，

$$I \equiv |0\rangle\langle 0| + |1\rangle\langle 1|$$

は単位演算子（identity operator）である．このように，計算機の計算ステップによる状態の変化は，状態ベクトルに演算子を作用させることにより記述できるのである．

[†]　なぜ X という記号を用いるのかというと，この行列がもともと物理でスピンの x 軸成分を表す演算子として導入されたという歴史的理由からである．

演習問題　任意の $a,\, b,\, c \in \{0, 1\}$ に対し,

$$T|a, b, c\rangle = |a, b, c \oplus ab\rangle$$

となっていることを確認せよ（ただし $\oplus$ は mod 2 の足し算, つまり $0 \oplus 0 = 0,\, 0 \oplus 1 = 1,\, 1 \oplus 0 = 1,\, 1 \oplus 1 = 0$ である）.

　最後に, 古典計算において, 計算結果は, 計算終了時の計算機の状態を表すビット列の特定の箇所のビット値を読むことにより, 得ることができる. たとえば, チューリングマシンの場合, 内部状態が停止を示す状態になれば計算機は停止し, このときのテープのある特定の場所のビット値が計算結果を表している. したがって, チューリングマシンが停止した状態を表す状態ベクトルを $|z\rangle$ とすると, 計算結果はビット列 z の特定のビット値である.

　以上をまとめると, 決定的古典計算は次のような動作として定義される.

1.　計算機の状態は, 2^n 次元線形空間の正規直交基底 $\{|z\rangle\}_{z \in \{0,1\}^n}$ の一つで表される.
2.　計算機の初期状態は, ある状態ベクトル $|\psi_1\rangle$ ($\psi_1 \in \{0, 1\}^n$) で表される.
3.　状態ベクトルに演算子を次々と作用させることにより,

$$|\psi_1\rangle \rightarrow |\psi_2\rangle \rightarrow \cdots \rightarrow |\psi_t\rangle$$

　　のようにベクトルを変化させ, 計算を進める.
4.　計算機の終状態の状態ベクトル $|\psi_t\rangle$ のビット列 $\psi_t \in \{0, 1\}^n$ の特定のビット値を読み取ることにより, 計算結果を得る.

2.2　確率的古典計算

　前節の説明では, 計算の1ステップは決定的に行われると仮定していた. つまり, 計算の次のステップは, 現在の計算機の状態から一意に決まると仮定していたのである. しかし, 実際に我々が普段行っている計算では, 次の計算ステップを確率的に決めることもある. つまり, 次の計算ステップを決める際に, まずコインを振って, 裏が出ればある特定の計算ステップを行い, 表が出れば別の計算ステップを行うというものである. たとえば, 前節のチューリングマシンにおいては, テープのビット値, ヘッドの位置, 内部状態が与えられると, 次のステップ（テープのビット値をどう書き換えるか, ヘッドをどう動かすか, 内部状態をどう変化させるか）は一意に決まっていた. しかし, テープのビット値, ヘッドの位置, 内部状態が与え

られたとき, まずコインを振り,

1. コインが裏なら, テープのビット値は 0 に書き換える. 内部状態は変えない. ヘッドは左に動かす.

2. コインが表なら, テープのビット値は 1 に書き換える. 内部状態は 13 にする. ヘッドは動かさない.

というように, コインの裏表に応じて異なる動作をするような確率的遷移も可能である. このように, 確率的に遷移するチューリングマシンは, 確率的チューリングマシン (probabilistic Turing machine) とよばれる.

このような確率的古典計算も, ベクトルと演算子で記述することができる. これまでは, 計算機の状態はある特定の一つのビット列 $z \in \{0, 1\}^n$ に対応する一つの状態ベクトル $|z\rangle$ で表されていたが, 確率的計算の場合, ある z_1, z_2, $z_3 \in \{0, 1\}^n$ に対し

1. 確率 $1/4$ で状態 $|z_1\rangle$ にある.
2. 確率 $2/4$ で状態 $|z_2\rangle$ にある.
3. 確率 $1/4$ で状態 $|z_3\rangle$ にある.

というような, 「確率的に混合された状態」も出現する. このような状態は, 状態ベクトルの線形結合で

$$\frac{1}{4}|z_1\rangle + \frac{2}{4}|z_2\rangle + \frac{1}{4}|z_3\rangle$$

と表すことにする. つまり, 確率を係数とする線形結合で表すのである. そして, このような線形結合も状態ベクトルとよぶことにする.

一般に, 確率 c_z で状態 $|z\rangle$ にあるような確率的古典計算機の状態は

$$\sum_{z \in \{0,1\}^n} c_z |z\rangle$$

という状態ベクトルで表される. ただし, c_z は確率なので, $c_z \geq 0$ かつ

$$\sum_{z \in \{0,1\}^n} c_z = 1$$

を満たす. 状態ベクトルは, 縦ベクトルで書くと

$$\begin{pmatrix} c_1 \\ c_2 \\ \vdots \\ c_{2^n} \end{pmatrix}$$

となる．ちなみに，このように要素がすべて非負であり，かつ要素をすべて足すと1になるようなベクトルは，数学では確率ベクトルとよばれている．つまり，確率的古典計算機の状態は，確率ベクトルで表されるということである．

注意 「計算機の状態が確率ベクトルで表される」というと難しそうに聞こえるかもしれないが，たとえば，明日の天気の状態も確率ベクトルで表される．明日晴れる確率が 1/4，曇りの確率が 1/2，雨の確率が 1/4 ならば，明日の天気の状態は確率ベクトルで

$$\begin{pmatrix} 1/4 \\ 1/2 \\ 1/4 \end{pmatrix} = \frac{1}{4}|\phi_1\rangle + \frac{1}{2}|\phi_2\rangle + \frac{1}{4}|\phi_3\rangle$$

と書ける．ただし，

$$|\phi_1\rangle \equiv \begin{pmatrix} 1 \\ 0 \\ 0 \end{pmatrix}, \qquad |\phi_2\rangle \equiv \begin{pmatrix} 0 \\ 1 \\ 0 \end{pmatrix}, \qquad |\phi_3\rangle \equiv \begin{pmatrix} 0 \\ 0 \\ 1 \end{pmatrix}$$

は，それぞれ晴れの状態，曇りの状態，雨の状態を表す．

このような確率的計算の場合も，計算の1ステップは演算子を状態ベクトルに作用させることにより表すことができる．たとえば，

1. 状態が $|00\rangle$ であるなら，確率 1/2 で $|00\rangle$ に，確率 1/2 で $|11\rangle$ に移る．
2. 状態が $|01\rangle$ であるなら，確率 1/3 で $|00\rangle$ に，確率 2/3 で $|10\rangle$ に移る．
3. 状態が $|10\rangle$ であるなら，確率 2/4 で $|01\rangle$ に，確率 1/4 で $|00\rangle$ に，確率 1/4 で $|11\rangle$ に移る．
4. 状態が $|11\rangle$ であるなら，確率 3/5 で $|10\rangle$ に，確率 2/5 で $|11\rangle$ に移る．

という確率的遷移の場合，演算子

$$\left(\frac{1}{2}|00\rangle + \frac{1}{2}|11\rangle \right)\langle 00| + \left(\frac{1}{3}|00\rangle + \frac{2}{3}|10\rangle \right)\langle 01|$$
$$+ \left(\frac{2}{4}|01\rangle + \frac{1}{4}|00\rangle + \frac{1}{4}|11\rangle \right)\langle 10| + \left(\frac{3}{5}|10\rangle + \frac{2}{5}|11\rangle \right)\langle 11|$$

を状態ベクトルに作用させれば，そのような確率的遷移が表せる．

演習問題 上記の演算子を $|00\rangle$, $|01\rangle$, $|10\rangle$, $|11\rangle$ に作用させて，実際に 1.～4. の確率的遷移が表せていることを確認せよ．

一般に状態が $|z\rangle$ であるときに，確率 $p_{z',z}$ で状態 $|z'\rangle$ に移るような確率的遷移は

$$S(\{p_{z',z}\}) \equiv \sum_{z \in \{0,1\}^n} \sum_{z' \in \{0,1\}^n} p_{z',z} |z'\rangle\langle z|$$

という演算子で表される．ただし，$p_{z',z}$ は確率なので $p_{z',z} \geq 0$ を満たし，さらにすべての $z \in \{0,1\}^n$ に対し

$$\sum_{z' \in \{0,1\}^n} p_{z',z} = 1$$

も満たさなければならない．なぜなら，状態 $|z\rangle$ にいるときに移りうる先は $|z'\rangle$ ($z' \in \{0,1\}^n$) のどれかしかないので，そのすべての可能性の確率を足したものは 1 になっていないとつじつまが合わないからである．ちなみに，このようにすべての要素が非負であり，かつ各列を足したら 1 になるような行列は，数学では確率行列とよばれている．つまり，確率的古典計算の計算ステップは，確率行列を確率ベクトルに作用させることにより表されるのである．

演習問題

1. 今日晴れなら，明日晴れる確率は 1/2，曇りの確率は 1/2
2. 今日曇りなら，明日晴れる確率は 1/3，雨の確率は 2/3
3. 今日雨なら，明日曇りの確率は 1/4，雨の確率は 3/4

を表す 3×3 の確率行列を書け．

演習問題 確率的古典計算機のある状態を表す状態ベクトルを

$$|\psi\rangle \equiv \sum_{z \in \{0,1\}^n} c_z |z\rangle$$

と書いたとき，これは「確率 c_z で状態 $|z\rangle$ にある」という意味なので，$c_z \geq 0$ かつ $\sum_{z \in \{0,1\}^n} c_z = 1$ を満たさなければならないのであった．この状態ベクトル $|\psi\rangle$ に，上記の演算子 $S(\{p_{z',z}\})$ を作用させてつくられた新しい状態ベクトル $S(\{p_{z',z}\})|\psi\rangle$ も，この条件を必ず満たすことを示せ（つまり，確率ベクトルに確率行列を掛けたものは，確率ベクトルであることを示せ）．

確率的古典計算において，計算機の状態の測定はどう記述されるだろうか？ たとえば，まず計算機のスイッチを入れて計算機をスタートさせると同時に目を閉じる．しばらく経ってからおもむろに目を開けて計算機を見ると，どういう「測定結果」を得るだろうか？ いま，目を開ける直前の計算機の状態が

$$\sum_{z\in\{0,1\}^n} c_z|z\rangle$$

という状態ベクトルで表されているとしよう．すると，目を開けると，当然計算機の状態は確率 c_z で $|z\rangle$ となる．そして，「測定後」の状態（つまり目を開けて計算機を見て，「あ，$|z\rangle$ という状態だ」と思った直後の状態）は，$|z\rangle$ になっている．

　このような計算機の状態の測定は，射影演算子で表すことができる．つまり，測定直前の状態が $|\psi\rangle$ であるとき，測定をして測定結果が z なら，測定直後の状態は $|\psi\rangle$ に射影演算子 $|z\rangle\langle z|$ を作用させて，さらに $\langle z|\psi\rangle$ で割ったもの

$$\frac{|z\rangle\langle z|\psi\rangle}{\langle z|\psi\rangle}$$

であるといえる．このように割る作業を規格化という．なぜ規格化が必要かというと，単に射影演算子を作用させるだけだと，

$$|z\rangle\langle z|\psi\rangle = c_z|z\rangle$$

となり，測定直後の状態は $c_z|z\rangle$ となってしまう．$c_z \neq 1$ だと，$c_z|z\rangle$ は確率ベクトルではなくなってしまう（要素を足しても 1 にならずに c_z になってしまう）．そこで，$\langle z|\psi\rangle = c_z$ で割るのである．

　では，計算機の全体の状態を測定せず，一部だけ測定する場合はどうなるだろうか？（たとえば，チューリングマシンをスタートさせると同時に目を閉じ，しばらく経ってから目を開けたときに，チューリングマシンの全体を見るのではなく，ヘッドの位置しか見ない場合など）測定直前の状態が

$$|\psi\rangle \equiv \sum_{z\in\{0,1\}^n} c_z|z\rangle$$

であるとしよう．もし全体を測定したとすれば，確率 c_z で z を得るのだから，もし左端のビット値 z_1 のみを測定する場合，それが 1 である確率は，当然

$$\sum_{z:z_1=1} c_z = \sum_{y\in\{0,1\}^{n-1}} c_{1y}$$

である．そして，測定直後の状態は

$$\frac{\sum_{z:z_1=1} c_z|z\rangle}{\sum_{z:z_1=1} c_z}$$

となる（なぜ $\sum_{z:z_1=1} c_z$ で割って規格化するかというと，確率ベクトルにするため

である).

以上をまとめると，確率的古典計算とは次のようなものである.

1. 計算機の状態は，常に確率ベクトル

$$\sum_{z \in \{0,1\}^n} c_z |z\rangle$$

で表される．ここで，$c_z \geq 0$ かつ $\sum_{z \in \{0,1\}^n} c_z = 1$ である.

2. 計算開始時には，計算機はある初期状態 $|\psi_1\rangle$ にある.

3. 状態ベクトルに演算子（確率行列）を作用させることにより，状態ベクトルを

$$|\psi_1\rangle \to |\psi_2\rangle \to \cdots \to |\psi_t\rangle$$

のように変化させて計算を行う．ただし，演算子（確率行列）は

$$S(\{p_{z',z}\}) \equiv \sum_{z \in \{0,1\}^n} \sum_{z' \in \{0,1\}^n} p_{z',z} |z'\rangle\langle z|$$

という形で，$p_{z',z} \geq 0$ かつすべての $z \in \{0,1\}^n$ に対し

$$\sum_{z' \in \{0,1\}^n} p_{z',z} = 1$$

を満たす.

4. 計算の終状態の状態ベクトルが

$$|\psi_t\rangle = \sum_{z \in \{0,1\}^n} c'_z |z\rangle$$

であるとき，計算機の状態を測定すると，確率 c'_z で状態 $|z\rangle$ を得る.

第**3**章

量子計算（基礎）

前章では，古典計算をベクトルと演算子で表現する方法を見てきた．なんとこれを少し拡張するだけで量子計算になるのである．本章では，その拡張について説明する．また，量子計算が古典計算より速い理由の一つとして，負の「確率」を用いることにより，計算パスを対消滅させることができる点を挙げる．

3.1 古典計算の拡張としての量子計算

確率的古典計算においては，計算機の状態は，

$$\sum_{z \in \{0,1\}^n} c_z |z\rangle$$

という状態ベクトル（確率ベクトル）で表されるのであった．これは，「確率 c_z で状態 $|z\rangle$ である」という意味なので，$c_z \geq 0$ かつ

$$\sum_{z \in \{0,1\}^n} c_z = 1$$

を満たしていなければならないのであった．

量子計算でも，量子計算機の状態は状態ベクトル

$$\sum_{z \in \{0,1\}^n} c_z |z\rangle$$

で表される．しかし，量子計算の場合，c_z はもはや $c_z \geq 0$ でなくてもよく，任意の複素数でよいのである．さらに，

$$\sum_{z \in \{0,1\}^n} c_z = 1$$

という条件ではなく，

$$\sum_{z \in \{0,1\}^n} |c_z|^2 = 1$$

という条件が課される（したがって，量子計算機の状態はもはや確率ベクトルではない）．

そうすると，量子計算機の状態としては，たとえば，

$$\frac{i}{\sqrt{2}}|000\rangle - \frac{1}{\sqrt{2}}|011\rangle$$

というものも許される（実際，$|i/\sqrt{2}|^2 + |-1/\sqrt{2}|^2 = 1$ なので条件を満たす）．しかし，この状態ベクトルはいったいどういう状態を表しているのだろうか？ 「確率 $i/\sqrt{2}$ で状態 $|000\rangle$ であり，確率 $-1/\sqrt{2}$ で状態 $|011\rangle$ である」という意味だろうか？ そうだとすると，虚数や負の確率とは何だろうか？ そもそも，確率は全部の可能性を足すと 1 になるはずだが，$i/\sqrt{2} - 1/\sqrt{2} \neq 1$ である．いったいこれはどういうことなのだろうか？

結論をいうと，（日本語や英語などの）我々が普段使う言葉でこれを解釈することは不可能である．我々が普段使う言葉は，日常生活において現れる現象（つまりマクロな世界の現象）を説明するために発展してきたものであるが，不幸なことに，ミクロな世界はマクロな世界とはかなり異なるため，ミクロの世界をうまく説明するようにはできていないのである．抽象的な概念を扱う数学の言葉を用いて，「負や虚数の係数によるベクトルの線形結合」としか表現しようがないのである（このように，日常言語では記述できない不思議な抽象的な概念を記述できる言語が数学である）．量子論はこのように，日常生活の常識では気持ち悪く感じる奇妙な理論である．しかし，前に述べたように，これが，科学者たちによる長年の理論的・実験的研究の結果である以上，受け入れなければならない（もしくは受け入れたくないのであれば，それを覆すだけの科学的根拠を提示しなければならない）．後で見るように，この「負の確率」のおかげで，異なる計算パスをたがいに消すことができるのであるが，これが量子計算が古典計算より強力な理由の一つである．

ちなみに，状態

$$|\psi\rangle = \sum_{z \in \{0,1\}^n} c_z |z\rangle$$

に対し，

$$\langle\psi|\psi\rangle = \sum_{z \in \{0,1\}^n} |c_z|^2$$

なので，

$$\sum_{z\in\{0,1\}^n} |c_z|^2 = 1$$

でなければならないという条件は，$\langle\psi|\psi\rangle=1$ でなければならないということと等価である．つまり，量子計算機の状態ベクトルは，長さが 1 でなければならないといっているのである．ここまでの議論をまとめると，量子計算機の状態は，長さが 1 の複素ベクトルで表されるということである．

さらに，量子論においては，任意の実数 θ に対し，$|\psi\rangle$ と $e^{i\theta}|\psi\rangle$ は等価な状態であるとみなす．数学的には，この二つのベクトルは（$e^{i\theta}=1$ でない限り）異なるものであるが，量子論においては，状態を表すのに $|\psi\rangle$ と $e^{i\theta}|\psi\rangle$ のどちらを使ってもまったく等価な結果を与えるため，両者を区別しない．この複素数 $e^{i\theta}$ は，グローバル位相（global phase）とよばれたりする．

次に，量子計算機の状態の遷移について述べよう．古典計算の場合，計算機の状態の遷移は，状態ベクトル（確率ベクトル）に演算子（確率行列）

$$\sum_{z\in\{0,1\}^n} \sum_{z'\in\{0,1\}^n} p_{z',z}|z'\rangle\langle z|$$

を作用させることにより表現した．ここで，すべての z, $z'\in\{0,1\}^n$ に対し $p_{z',z}\geq 0$，かつすべての $z\in\{0,1\}^n$ に対し

$$\sum_{z'\in\{0,1\}^n} p_{z',z} = 1$$

が成り立つのであった．量子計算でも同様に，計算の 1 ステップ，つまり計算機の状態の遷移は，状態ベクトルに演算子を作用させることにより表現される．しかし，古典計算の場合と異なり，量子計算の場合，$p_{z',z}$ は任意の複素数でよく，さらにすべての α, $\gamma\in\{0,1\}^n$ に対し

$$\sum_{\beta\in\{0,1\}^n} p_{\beta,\alpha}^* p_{\beta,\gamma} = \delta_{\alpha,\gamma} \tag{3.1}$$

という条件が課される．なぜこのような条件が課されるかというと，量子計算機の状態ベクトルは $\sum_{z\in\{0,1\}^n} |c_z|^2 = 1$ という性質を満たさなければならなかったが，この性質が演算子を作用させても破られないようにするためである．式 (3.1) を満たす演算子をユニタリ演算子とよぶ．つまり，量子計算機の状態の変化は，状態ベクトルにユニタリ演算子を作用させることにより表現できるのである．

演習問題 $\{p_{z',z}\}_{z,z'\in\{0,1\}^n}$ が式 (3.1) を満たすなら，演算子を作用させても状態ベクトルの条件 $\sum_{z\in\{0,1\}^n}|c_z|^2=1$ が保存されることを示せ.

ちなみに，式 (3.1) は，

$$U \equiv \sum_{\alpha\in\{0,1\}^n}\sum_{\beta\in\{0,1\}^n}p_{\alpha,\beta}|\alpha\rangle\langle\beta|$$

という演算子 U を定義すると，

$$U^\dagger U = I^{\otimes n}\ (=\overbrace{I\otimes I\otimes\cdots\otimes I}^{n})$$

という，よりシンプルな式と等価であることがわかる（ここで，演算子 $A^\dagger$ は，演算子 A のエルミート共役，つまり転置して要素を複素共役にしたものである）．こう書くと，任意の状態ベクトル $|\psi\rangle$ に対し，

$$((\langle\psi|U^\dagger)(U|\psi\rangle) = \langle\psi|(U^\dagger U)|\psi\rangle = \langle\psi|I^{\otimes n}|\psi\rangle = \langle\psi|\psi\rangle$$

となるので，状態ベクトル $U|\psi\rangle$ の長さは $|\psi\rangle$ の長さと同じ，つまり，ベクトルの長さがユニタリ演算子を作用させても保存されているということが簡単にわかる.

最後に，量子計算において計算結果の読み出しはどうなるのだろうか？ 量子計算機の状態が

$$\sum_{z\in\{0,1\}^n}c_z|z\rangle$$

となっているとしよう．このとき，「測定」という操作を行うと，量子計算機の状態は確率 $|c_z|^2$ で古典的状態 $|z\rangle$ になる，というのが量子論のルールである（だから $\sum_z|c_z|^2=1$ という要請が課されていたのである）．

なぜこういうルールかというと，結局のところは「そういうルールだとうまく実験結果を説明できるから」である．しかしながら，ある自然な要請を課すとそのルールが導かれることを証明する研究結果などもある．たとえば，面白いことに，z の得られる確率を $|c_z|^2$ ではなく $|c_z|^p$ $(p\geq 3)$ に変えたような物理理論に基づく計算機は，PP 完全問題を解けることが知られている[2]．PP は非常に難しい問題のクラスであるため，この結果はそのような確率ルールの修正が不自然であるということを示唆している.

また，測定という操作は，実際には原子に光を当てたり，光や磁場を検出器で検出したりする動作であり，具体的にはそれぞれの実験系による．しかし，測定動作

を数学的に抽象的に表現すると，「測定すると確率 $|c_z|^2$ で状態 $|z\rangle$ が得られる」というルールとなるのである（実は，ここで述べた測定は特殊な場合であり，もっと一般に測定を記述する理論がある．量子計算を理解するうえではこれで十分であるが，もっと一般の理論を知っていたほうが便利ではある．それについては，4.5節でもう少し詳しく述べる）．

確率的古典計算の場合，測定は射影演算子を用いて表すこともできた．つまり，測定直前の状態が

$$|\psi\rangle \equiv \sum_{z \in \{0,1\}^n} c_z |z\rangle$$

であるとき，測定結果が z なら，状態は

$$\frac{|z\rangle\langle z|\psi\rangle}{\langle z|\psi\rangle}$$

になるというものであった．簡単に確かめられるように，量子計算の場合でも，測定は射影演算子を使って表すことができる．実際，

$$\langle\psi|z\rangle\langle z|\psi\rangle = |\langle\psi|z\rangle|^2 = |c_z|^2$$

なので，測定すると z の得られる確率は $\langle\psi|z\rangle\langle z|\psi\rangle$ であるといえる．つまり，射影演算子 $|z\rangle\langle z|$ に両側から状態ベクトル $|\psi\rangle$ を作用させると確率になるのである．もしくは，

$$\left\| |z\rangle\langle z|\psi\rangle \right\|^2 = \langle\psi|z\rangle\langle z|z\rangle\langle z|\psi\rangle = \langle\psi|z\rangle\langle z|\psi\rangle = |c_z|^2$$

なので，$|\psi\rangle$ を射影演算子 $|z\rangle\langle z|$ で射影した後のベクトルの長さ（の2乗）が $|z\rangle$ を得る確率であるといってもよい．

測定後の状態も，確率的古典計算のときと同様に，射影演算子 $|z\rangle\langle z|$ を状態ベクトル $|\psi\rangle$ に作用させ，規格化したもの

$$\frac{|z\rangle\langle z|\psi\rangle}{\langle z|\psi\rangle} \tag{3.2}$$

となる．以前述べたように，量子論においては状態ベクトルは任意の実数 θ に対し $e^{i\theta}$ 倍しても同じ状態を表すのであったので，測定後の状態は式 (3.2) でなく

$$\frac{|z\rangle\langle z|\psi\rangle}{\sqrt{\langle\psi|z\rangle\langle z|\psi\rangle}}$$

であるといっても等価である．

　一方，計算機の全体を測定しないで，一部だけ測定する場合はどうなるだろうか？たとえば，左端のビット値 z_1 のみ測定したとき，それが 1 である確率は

$$\sum_{z:z_1=1} |c_z|^2 = \sum_{y\in\{0,1\}^{n-1}} |c_{1y}|^2$$

となる．これは，射影演算子 $|1\rangle\langle 1| \otimes I^{\otimes n-1}$ を用いても記述できる．つまり，左端のビットが 1 である確率は

$$\langle\psi|(|1\rangle\langle 1| \otimes I^{\otimes n-1})|\psi\rangle$$

であり，測定後の状態は

$$\frac{(|1\rangle\langle 1| \otimes I^{\otimes n-1})|\psi\rangle}{\sqrt{\langle\psi|(|1\rangle\langle 1| \otimes I^{\otimes n-1})|\psi\rangle}}$$

となる．

演習問題　以下が成り立つことを確認せよ．

$$\langle\psi|(|z\rangle\langle z|)|\psi\rangle = |c_z|^2, \qquad \frac{|z\rangle\langle z|\psi\rangle}{\langle z|\psi\rangle} = |z\rangle$$

$$\langle\psi|(|1\rangle\langle 1| \otimes I^{\otimes n-1})|\psi\rangle = \sum_{z:z_1=1} |c_z|^2$$

$$\frac{(|1\rangle\langle 1| \otimes I^{\otimes n-1})|\psi\rangle}{\sqrt{\langle\psi|(|1\rangle\langle 1| \otimes I^{\otimes n-1})|\psi\rangle}} = \frac{\sum_{z:z_1=1} c_z|z\rangle}{\sqrt{\sum_{z:z_1=1} |c_z|^2}}$$

以上をまとめると，量子計算とは次のような操作である．

1.　量子計算機の状態は，常に

$$\sum_{z\in\{0,1\}^n} c_z|z\rangle$$

　　というベクトルで表される．ただし，c_z は $\sum_{z\in\{0,1\}^n} |c_z|^2 = 1$ を満たす複素数である．

2.　計算の開始時，量子計算機はある初期状態 $|\psi_1\rangle$ にある．

3.　状態ベクトルにユニタリ演算子を次々と作用させ，

$$|\psi_1\rangle \to |\psi_2\rangle \to \cdots \to |\psi_t\rangle$$

　　のようにして状態ベクトルを変化させる．

4.　計算機の終状態が

$$|\psi_t\rangle = \sum_{z \in \{0,1\}^n} c'_z |z\rangle$$

であるとき，これを測定すると，状態 $|z\rangle$ を確率

$$\langle \psi_t | z \rangle \langle z | \psi_t \rangle = |c'_z|^2$$

で得る.

　最後に，最初の章で述べた「教室に 40 人の学生がいる話」を，ここまで学んだ量子論の数学を用いて説明しよう[82]．この話は，量子測定が状態を乱すことを示すよい例にもなっている.

　いま，男性である状態を $|0\rangle$，女性である状態を $|1\rangle$ としよう．そして，学部生である状態を

$$|+\rangle \equiv \frac{1}{\sqrt{2}}(|0\rangle + |1\rangle)$$

院生である状態を

$$|-\rangle \equiv \frac{1}{\sqrt{2}}(|0\rangle - |1\rangle)$$

としよう．すると，男性か女性かを問う測定は $\{|0\rangle\langle 0|, |1\rangle\langle 1|\}$ という射影演算子，学部生か院生かを問う測定は $\{|+\rangle\langle +|, |-\rangle\langle -|\}$ という射影演算子で表される．まず，最初の 40 人の学生がいる状態を $|\psi_1\rangle$ としよう．最初の問いでは男性のみが選ばれたので，状態は

$$|\psi_2\rangle \equiv \frac{|0\rangle\langle 0|\psi_1\rangle}{\langle 0|\psi_1\rangle} = |0\rangle$$

となる．2 番目の問いでは学部生だけ選ばれたので，測定後の状態は

$$|\psi_3\rangle \equiv \frac{|+\rangle\langle +|0\rangle}{\langle +|0\rangle} = |+\rangle$$

になる．さて，ここで 3 番目の問いを行うと，男性の確率が $1/2$，女性の確率が $1/2$ となることは明らかである．このようなことが起こったわけは，2 番目の測定が状態を乱したからである．つまり，1 番目の測定の後は，性別は男性に確定していた状態であったので，もし 2 番目の測定が状態を乱さなければ，3 番目の測定でも確

率1で男性を出したが，2番目の測定が状態を乱したために，「全員男性」という状態が乱されて，「男女が半々」という状態になってしまったのである．

3.2 複素数を実数にする

ここまでの説明では，量子計算機の状態は，複素係数 $\{c_z\}_{z\in\{0,1\}^n}$ の状態ベクトル

$$\sum_{z\in\{0,1\}^n} c_z|z\rangle$$

で表されると述べてきた．しかし，

$$c_z = d_{0z} + id_{1z}$$

のように，複素数 c_z は二つの実数 d_{0z}, d_{1z} を使って表すことができるので，実は量子計算機の状態は実係数 $\{d_z\}_{z\in\{0,1\}^{n+1}}$ の状態ベクトル

$$\sum_{z\in\{0,1\}^{n+1}} d_z|z\rangle$$

で表しても同じことである．そうすると，

$$\sum_{z\in\{0,1\}^n} |c_z|^2 = \sum_{z\in\{0,1\}^n} (d_{0z}^2 + d_{1z}^2) = \sum_{z\in\{0,1\}^{n+1}} d_z^2$$

なので，$\sum_{z\in\{0,1\}^n} |c_z|^2 = 1$ の条件は $\sum_{z\in\{0,1\}^{n+1}} d_z^2 = 1$ の条件と等価である．つまり，実係数の場合も，量子状態ベクトルは長さが1になっていなければならないのである．そして，計算ステップは，実係数ベクトルの長さを1に保つようなものでなければならないので，直交演算子の作用により表されることになる（直交演算子とは，$M^t M = I^{\otimes n}$ を満たす演算子である．ただし，A^t は A の転置）．

実は，さらに，その直交演算子の行列要素としては，$\{0, \pm 1, \pm 4/5, \pm 3/5\}$ あるいは $\{0, \pm 1/\sqrt{2}\}$ のみでよいことが知られている[6]．後者については，後の節で示すように，アダマール H とトフォリ T がユニバーサル，したがって H と $(H\otimes I\otimes I)T$ もユニバーサルであることからいえる．

量子計算が古典計算より速い理由は，「確率」が複素数になるからであるというような説明がよくされているが，それは正確ではない．この節の説明でわかるとおり，複素数は実数に置き換えることが可能なので，複素数が特別というわけではない．実は，次節で見るように，複素数ではなく，負の数になることが真の理由で

ある.

　このように，量子計算は本質的には複素数を使わずに表すことができるが，ほか
の多くの分野でもそうであるように，複素数を使ったほうが記述や計算が便利であ
るため，量子情報・量子計算のほとんどの論文や教科書では，複素数を使った定式
化のほうが一般的である．本書でも，たいていの場合は複素数を使って説明する.

3.3　計算パスの対消滅

　前節で述べたように，量子計算が古典計算より強力である理由は，複素数を使う
からではなくて，負の数を使うからである．実際，この「負の確率」のおかげで，量
子計算においては，古典計算では実現できないような「計算パスの対消滅」という
動作が可能となる.

　たとえば，初期状態は $|0\rangle$ で，はじめに確率 $1/2$ でビットを反転し，さらにもう
一度確率 $1/2$ でビットを反転するような確率的古典計算を考えよう．この計算にお
いて，計算機がとりうるすべての計算パスのパターンは，図 3.1 のようになる．こ
の図において，計算機が b に到達するパスを通る確率は $1/2 \times 1/2$ であり，d に到
達するパスを通る確率は $1/2 \times 1/2$ なので，計算機の終状態が $|1\rangle$ となる確率はそ
れらの和 $1/2 \times 1/2 + 1/2 \times 1/2 = 1/2$ である.

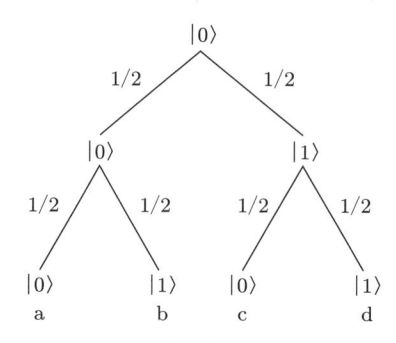

図 3.1　確率的古典計算の計算パス

　ところが，次のような量子計算を考えてみよう．まず，計算機の初期状態は $|0\rangle$ で
ある．これにアダマール演算子

$$H \equiv \left(\frac{1}{\sqrt{2}}|0\rangle + \frac{1}{\sqrt{2}}|1\rangle \right)\langle 0| + \left(\frac{1}{\sqrt{2}}|0\rangle - \frac{1}{\sqrt{2}}|1\rangle \right)\langle 1|$$

を 2 回作用させるような量子計算を考えよう．この演算子は，「日常言語」で無理やり

解釈すると，「計算機の状態が $|0\rangle$ なら，確率 $1/\sqrt{2}$ で状態を $|0\rangle$ にし，確率 $1/\sqrt{2}$ で状態を $|1\rangle$ にする．そして，計算機の状態が $|1\rangle$ なら，確率 $1/\sqrt{2}$ で状態を $|0\rangle$ にし，確率 $-1/\sqrt{2}$ で状態を $|1\rangle$ にする」という遷移を表す．すると，計算機がとりうるすべての計算パスのパターンは，図 3.2 のようになる．この図において，計算機が b に到達するパスを通る「確率」は $1/\sqrt{2} \times 1/\sqrt{2}$ であり，d に到達するパスを通る「確率」は $1/\sqrt{2} \times (-1/\sqrt{2})$ なので，その二つを足すと $1/\sqrt{2} \times 1/\sqrt{2} + 1/\sqrt{2} \times (-1/\sqrt{2}) = 0$ となり，確率が 0 になってしまう．つまり，異なる計算パスどうしがたがいに打ち消しあって消滅してしまい，「起こらなかったこと」となってしまうのである．古典計算では，各計算パスに割り当てられる確率は必ず非負なので，このようなことは絶対に起こらず，一度生まれた計算パスは最後まで必ず生き残る．しかしながら，量子計算の場合，パスの「確率」が負にもなりうるので，計算パスをたがいに打ち消しあって消滅させることができるのである．このような，計算パスを対消滅させることができる能力が，量子計算が古典計算よりも強力である理由の一つである．

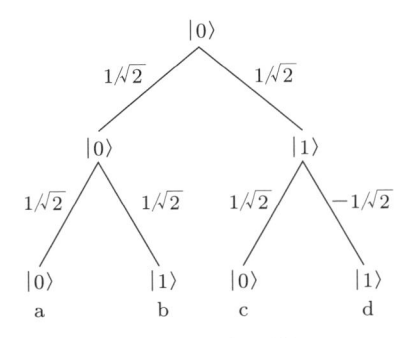

図 3.2　量子計算の計算パス

　また逆に，量子計算におけるこのような計算パスの対消滅をシミュレートするためには，すべてのパスを同時に記憶しておかなければならないため，これを古典計算機でシミュレートするのは大変であることも理解できるだろう．

3.4　拡張チャーチ−チューリングのテーゼと量子計算

　第 2 章で述べたように，拡張チャーチ−チューリングのテーゼとは，すべての「物理的に自然な」計算モデルはチューリングマシンと等価である（多項式時間のオーバーヘッドでたがいにシミュレートできるという意味で）というものであった．量子計算の基礎的概念について説明したこの章を終えるにあたって，この拡張チャーチ−チューリングのテーゼと量子計算の関係について，もう少し述べておこう．

　量子計算機は，古典チューリングマシンで多項式時間でシミュレートできなさそうに見えるため，量子計算機の存在はこのテーゼが間違っていることを示唆している．面白いことに，量子計算機が拡張チャーチ–チューリングのテーゼを破るかもしれないという事実については，計算機科学者と物理学者でだいぶ感じ方が異なるように見える．

　計算機科学者たちは，この点に対して比較的大きく反応しており，しかもどちらかというと，量子計算機が拡張チャーチ–チューリングのテーゼを破ることについて懐疑的である（つまり，拡張チャーチ–チューリングのテーゼのほうを残したい）ように見える．たとえば，計算機科学者が書いた教科書や論文では，「もし量子計算機が実現すれば，拡張チャーチ–チューリングのテーゼは破れる．しかし，まだいまのところ量子計算機が本当に物理的に実現できるかどうかわかっていない」というような記述がよく見られる．これは，計算機科学において，さまざまな計算機モデルが等価であることが証明されてきた歴史的経緯や，チャーチとチューリングが計算機科学における偉人であることなどが理由であろう．また，量子論は計算機科学においてはあまり知られていない非常に小さな一分野にすぎないため，量子論の信頼性も低く，量子計算機は数多くある計算機モデルの一つにすぎないと考えられていることも原因であろう．

　一方で，物理学者たちは，量子計算機が拡張チャーチ–チューリングのテーゼを破るかもしれないということを聞いても反応が薄く，なぜそれほど大騒ぎをするのかよくわからないと感じる人が多いように見える．まずそもそも，物理の通常のカリキュラムではチャーチ–チューリングのテーゼを習わないため，それを知らないし，その歴史的背景も知らない．また，人によってはチャーチもチューリングも知らない．そのため，チャーチ–チューリングのテーゼについては何の先入観もなく，ただの一つの予想として受け止める．そして，拡張チャーチ–チューリングのテーゼの内容を聞き，それが量子計算機によって破られるかもしれないということを説明されても，「当たり前ではないか，なぜそれほどに驚くのか？」と感じる．なぜなら，まず量子論というのは，力学，電磁気学，熱統計力学，量子論という物理の四大分野の一つであり，したがって物理においては非常に大きな部分を占めており，物理系の学生は必ず習う．さらに，量子論は長い歴史の中で無数の実験的検証に耐えてきているため，自然界を記述する理論として正しいと信じられている．したがって，聞いたこともないチャーチとチューリングという人が主張している予想をとるか，量子論をとるかといったら，迷わず後者を選ぶ．また，量子論は古典論とは大きく異なるものであるということも物理学者にとっては常識であり，量子論により，ニュートンやアインシュタインといった偉人によってつくられた理論や概念が完全

に覆されるという大きな革命をすでに経験してきている．したがって，量子論が現在ほどは浸透していないであろう時代につくられた「古典計算機で何でもシミュレートできる」という予想が量子計算機の誕生で覆されるかもしれないと聞かされても，「なにをいまさら，当たり前ではないか」と考えるのである．

第**4**章

量子計算（発展）

前章では，古典計算を複素数の「確率」に拡張することにより量子計算が現れることを示し，量子計算の基礎や概念について説明した．この章では，量子計算についてさらに学ぶうえで必要不可欠な知識やツールといった，もう少し応用的な内容について説明する．この章にあるような内容についてもっと勉強したい人には，文献 [73] が最も適している．また，文献 [100, 101] なども有用である．

4.1 量子ゲートの例と量子回路

ここまで，量子計算の計算ステップは，ユニタリ演算子を状態ベクトルに作用させることにより実現されると説明してきた．このようなユニタリ演算子は，（古典回路のアナロジーから）量子ゲートともよばれる．この節では，量子情報・量子計算でよく使われる量子ゲートを紹介する．これらは非常に頻繁に使われ，論文などでは定義されずにいきなり出てくることもあるので，覚えておく必要がある．

まず，

$$Z \equiv \begin{pmatrix} 1 & 0 \\ 0 & -1 \end{pmatrix} = |0\rangle\langle 0| - |1\rangle\langle 1|$$

というユニタリ演算子がある．これを 1 量子ビット状態 $\alpha|0\rangle + \beta|1\rangle$ に作用させると，

$$Z(\alpha|0\rangle + \beta|1\rangle) = \alpha|0\rangle - \beta|1\rangle$$

となる．これは，$|1\rangle$ の係数をマイナスにする操作であるため，古典計算には対応物のない演算である．また，

$$Y \equiv \begin{pmatrix} 0 & -i \\ i & 0 \end{pmatrix} = i|1\rangle\langle 0| - i|0\rangle\langle 1|$$

というユニタリ演算子もある．これを $\alpha|0\rangle + \beta|1\rangle$ に作用させると，

$$Y(\alpha|0\rangle + \beta|1\rangle) = i\alpha|1\rangle - i\beta|0\rangle$$

となる．ビットを反転させる演算子，つまり NOT

$$X \equiv \begin{pmatrix} 0 & 1 \\ 1 & 0 \end{pmatrix} = |1\rangle\langle 0| + |0\rangle\langle 1|$$

は，古典計算（第 2 章）の説明で出てきた．

以上の三つのユニタリ演算子 X, Y, Z は，パウリ（Pauli）演算子（パウリゲート）とよばれており，量子計算において非常によく使われる[†]．四つの演算子 $\{I, X, Y, Z\}$ を n 個テンソル積で並べ，係数 $\{1, -1, i, -i\}$ を付けた演算子

$$\alpha \bigotimes_{j=1}^{n} P_j$$

は，n 量子ビットパウリ演算子（あるいは単にパウリ演算子）とよばれる．ただし，$P_j \in \{I, X, Y, Z\}$，$\alpha \in \{1, -1, i, -i\}$ である．n 量子ビットパウリ演算子は，掛け算について群をなすことが簡単に確かめられる．

演習問題 パウリ演算子は以下の性質を満たすことを確認せよ．

$$X^2 = Y^2 = Z^2 = I, \qquad XY = -YX = iZ$$
$$YZ = -ZY = iX, \qquad ZX = -XZ = iY$$

また，各パウリ演算子の固有値，固有ベクトルを求めよ．さらに，n 量子ビットパウリ演算子は掛け算について群をなすことを確かめよ．

量子ゲートには，パウリゲートのほかに，アダマール（Hadamard）ゲート

$$H \equiv \frac{|0\rangle + |1\rangle}{\sqrt{2}}\langle 0| + \frac{|0\rangle - |1\rangle}{\sqrt{2}}\langle 1| = \frac{1}{\sqrt{2}}\begin{pmatrix} 1 & 1 \\ 1 & -1 \end{pmatrix}$$

や z 軸まわりの θ 回転

$$R_\theta \equiv |0\rangle\langle 0| + e^{i\theta}|1\rangle\langle 1| = \begin{pmatrix} 1 & 0 \\ 0 & e^{i\theta} \end{pmatrix}$$

という演算子がよく使われる．とくに，

[†] X, Y, Z で表すのは歴史的理由である．もともと物理においては，この三つは $\sigma_x, \sigma_y, \sigma_z$ などと表され，スピンのそれぞれ x 軸，y 軸，z 軸成分を表す演算子として使われていたが，σ を毎回書くのは面倒なので（しかもよく考えると必要ない），単にその成分だけを大文字で表すことにしたのである．

$$R_{\pi/2} = \begin{pmatrix} 1 & 0 \\ 0 & i \end{pmatrix} = Z^{1/2}$$

や

$$R_{\pi/4} = \begin{pmatrix} 1 & 0 \\ 0 & (1+i)/\sqrt{2} \end{pmatrix} = Z^{1/4}$$

はよく使われる．$R_{\pi/2}$ は S や P とも書かれる場合がある．また，$R_{\pi/4}$ は T とも書かれる場合がある（トフォリと紛らわしいが，文脈でわかるであろう）．

　二つの量子ビットに作用する量子ゲートとしてよく使われるのは，

$$CX \equiv |0\rangle\langle 0| \otimes I + |1\rangle\langle 1| \otimes X$$
$$CZ \equiv |0\rangle\langle 0| \otimes I + |1\rangle\langle 1| \otimes Z$$

などがある．CX は古典計算に出てくる CNOT ゲートである．つまり，一つの量子ビット（これをコントロール量子ビットとよぶ）の状態が $|0\rangle$ のときはもう一方の量子ビット（これをターゲット量子ビットとよぶ）に何もしないが，コントロール量子ビットの状態が $|1\rangle$ のときはターゲット量子ビットを反転させる（つまり X を作用させる），というものである．CZ のほうは，古典計算には対応物がないものであり，コントロール量子ビットが $|1\rangle$ のときのみターゲット量子ビットに Z を作用させるというものである．

　一般に，

$$\Lambda(U) \equiv |0\rangle\langle 0| \otimes I + |1\rangle\langle 1| \otimes U$$

のように，コントロール量子ビットが 1 のときのみターゲット量子ビットにユニタリ U を作用させるゲートは，コントロール U ゲート（controlled-U gate）とよばれる．

　さらに，三つの量子ビットに作用する量子ゲートとしては，古典計算の説明（第2章）でも現れたトフォリゲート

$$T \equiv (I^{\otimes 2} - |11\rangle\langle 11|) \otimes I + |11\rangle\langle 11| \otimes X$$

や CCZ ゲート

$$CCZ \equiv (I^{\otimes 2} - |11\rangle\langle 11|) \otimes I + |11\rangle\langle 11| \otimes Z$$

がよく使われる．CCZ ゲートは，コントロール量子ビットが二つあることから C

が二つ付いている．これにならうと，トフォリゲートは CCX とも書ける．

　古典計算と同様に，量子計算も回路図で表すことができる．これは，量子回路（quantum circuit）とよばれる．一つの量子ビットは 1 本の水平線で表され，1 量子ビットに作用するゲートは，たとえば図 4.1(a) のように一つの四角い箱で示される．また，二つ以上の量子ビットに作用するゲートは図 4.1(b)〜(e) のように複数の線にまたがる記号で表される．CZ ゲートは，どちらがコントロールでどちらがターゲットかわからない形をしているが，実は簡単に確認できるように，どちらをコントロールにしてどちらをターゲットにしても等価である．

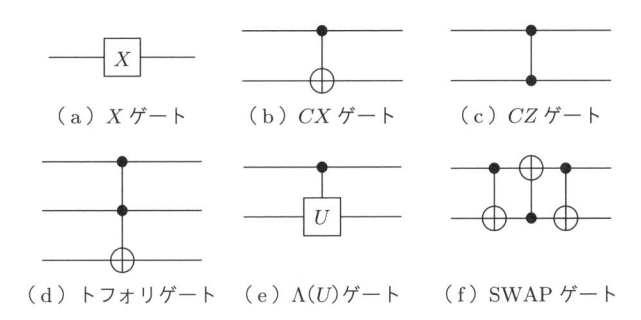

（a）X ゲート　　　（b）CX ゲート　　　（c）CZ ゲート

（d）トフォリゲート　　（e）$\Lambda(U)$ ゲート　　（f）SWAP ゲート

図 4.1　量子ゲートの記号．ただし，(b)〜(f) においては，黒丸のほうがコントロール量子ビットである．

演習問題　CZ ゲートは，コントロールとターゲットを入れ替えても等価であることを示せ．つまり，

$$|0\rangle\langle0| \otimes I + |1\rangle\langle1| \otimes Z = I \otimes |0\rangle\langle0| + Z \otimes |1\rangle\langle1|$$

が成り立つことを示せ．また，図 4.1(f) のように CX ゲートをコントロールとターゲットを入れ替えて 3 回作用させると，量子ビットを交換するゲート $|\psi\rangle \otimes |\phi\rangle \to |\phi\rangle \otimes |\psi\rangle$ になっていることを示せ（このようなゲートは SWAP ゲートとよばれている）．

演習問題　CCZ ゲートは，図 4.2 の回路と等価であることを確認せよ．

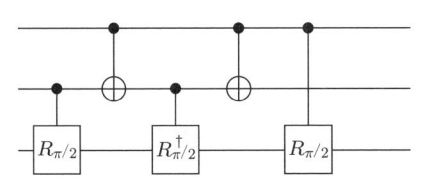

図 4.2　CCZ と等価な回路

演習問題 図 4.3 の回路において，一番上の量子ビットを測定したときに 0 が得られる確率は

$$\frac{2 + \langle\psi|U|\psi\rangle + \langle\psi|U^\dagger|\psi\rangle}{4}$$

であることを確認せよ．ただし，U は任意のユニタリ演算子である．このような回路はアダマールテスト（Hadamard test）とよばれ，よく使われる．

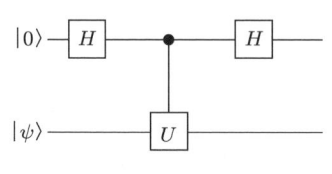

図 4.3　アダマールテスト

4.2　ユニバーサルな量子ゲートセット

ある量子ゲートの組を考えよう．その組の中のゲートのみを使ってつくられる量子回路が任意の 2^n 次元ユニタリ演算子を近似できるとき，その組はユニバーサルであるという（どういう意味で「近似」かは文脈による）．たとえば，$\{H, R_{\pi/4}, CZ\}$ という組や $\{H, \Lambda(R_{\pi/2})\}$ という組はユニバーサルであることが証明されている[16, 49]．

実際の量子計算においては，ユニタリ演算子 U そのものを近似できなくても，$U|\psi\rangle$ を測定したときの確率分布のみが近似できれば十分である．たとえば，アダマールゲートとトフォリゲートからなる組 $\{H, T\}$ は，そのような「弱い」意味でもユニバーサルである[7, 83]．これは次のようにして証明できる[7]．いま，複素係数の状態

$$|\phi\rangle \equiv \sum_{z\in\{0,1\}^n} c_z|z\rangle$$

を

$$|\tilde{\phi}\rangle \equiv \sum_{z\in\{0,1\}^n} (\alpha_z|z\rangle|0\rangle + \beta_z|z\rangle|1\rangle)$$

と，実係数で表すことにする．ただし，$c_z = \alpha_z + i\beta_z$ である．$|\phi\rangle$ の一番左の量子ビットに H を作用させると

$$|\phi'\rangle \equiv \sum_{y\in\{0,1\}^{n-1}} (c_{0y}|+\rangle|y\rangle + c_{1y}|-\rangle|y\rangle)$$

となるが，これを実係数で表現すると

$$|\tilde{\phi}'\rangle \equiv \sum_{y \in \{0,1\}^{n-1}} (\alpha_{0y}|+\rangle|y\rangle|0\rangle + \beta_{0y}|+\rangle|y\rangle|1\rangle + \alpha_{1y}|-\rangle|y\rangle|0\rangle + \beta_{1y}|-\rangle|y\rangle|1\rangle)$$

となる．$|\tilde{\phi}'\rangle$ は $|\tilde{\phi}\rangle$ の一番左の量子ビットに H を作用させればつくることができる．つまり，複素係数表示における H は，実係数表示においても H を作用させることによりシミュレートできる．同様に，複素係数表示における $\Lambda(R_{\pi/2})$ は，実係数表示において $T(I \otimes I \otimes H)T(I \otimes I \otimes H)$ を作用させることによりシミュレートできることが確認できる．つまり，H と $\Lambda(R_{\pi/2})$ のみからなる量子回路の出力確率分布は，H と T のみからなる量子回路の出力確率分布でシミュレートできるのである．そして，先ほど述べたように，$\{H, \Lambda(R_{\pi/2})\}$ は強い意味でユニバーサルなので，任意のユニタリ演算子を近似することができる．したがって，H と T のみで，任意のユニタリ演算子の生成する確率分布を近似的にシミュレートすることができるのである．

> **演習問題** 複素係数表示における $\Lambda(R_{\pi/2})$ は，実係数表示において
>
> $$T(I \otimes I \otimes H)T(I \otimes I \otimes H)$$
>
> を作用させることによりシミュレートできることを示せ．

4.3 クリフォード演算子，Gottesman–Knill の定理

三つの演算子 H，$R_{\pi/2}$，CZ を掛けたりテンソル積をとったりしてつくられる演算子は，クリフォード演算子（Clifford operator）あるいはクリフォードゲート（Clifford gate）とよばれる．クリフォード演算子は，パウリ演算子をパウリ演算子に移す性質がある．つまり，演算子 C がクリフォード演算子，演算子 P がパウリ演算子のとき，

$$P' \equiv C^\dagger P C$$

もパウリ演算子である．

> **演習問題** 以下が成り立つことを確認せよ．
>
> $$HXH = Z, \qquad HYH = -Y, \qquad HZH = X$$
> $$R_{\pi/2} X R_{\pi/2}^\dagger = Y, \qquad R_{\pi/2} Y R_{\pi/2}^\dagger = -X, \qquad R_{\pi/2} Z R_{\pi/2}^\dagger = Z$$
> $$CZ(X \otimes I)CZ = X \otimes Z, \qquad CZ(Y \otimes I)CZ = Y \otimes Z$$
> $$CZ(Z \otimes I)CZ = Z \otimes I$$

演習問題 以下を示せ（つまり，クリフォード演算子ではない演算子 $R_{\pi/4}$ は，パウリ演算子をパウリ演算子に移さないのである）．

$$R_{\pi/4} X R_{\pi/4}^\dagger = \frac{X+Y}{\sqrt{2}} = e^{-i\pi/4} R_{\pi/2} X$$

$$R_{\pi/4} Y R_{\pi/4}^\dagger = \frac{-X+Y}{\sqrt{2}} = e^{-i\pi/4} R_{\pi/2} Y$$

$$R_{\pi/4} Z R_{\pi/4}^\dagger = Z$$

パウリ演算子をパウリ演算子に移すというクリフォード演算子の性質を使うと，クリフォード演算子のみを多項式個作用させるような量子計算は，古典計算機で効率的にシミュレートできることが証明できる．これは Gottesman–Knill の定理とよばれている[4, 34]．いろいろなバリエーションがあるが，最もシンプルな例として，初期状態 $|0^n\rangle$ に量子回路 U を作用させ，最後に 1 番目の量子ビットを測定するような量子計算を考えよう．測定値が 0 となる確率は

$$p = \langle 0^n | U^\dagger (|0\rangle\langle 0| \otimes I^{\otimes n-1}) U | 0^n \rangle$$

$$= \langle 0^n | U^\dagger \left(\frac{I+Z}{2} \otimes I^{\otimes n-1} \right) U | 0^n \rangle$$

$$= \frac{1}{2} + \frac{1}{2} \langle 0^n | U^\dagger (Z \otimes I^{\otimes n-1}) U | 0^n \rangle$$

となる．U が $U = C_1 C_2 \cdots C_k$ と書けるとしよう．ただし，各 C_i はクリフォード演算子であり，k は n の多項式（$poly(n)$）である．クリフォード演算子の性質より，

$$D_1 \equiv C_1^\dagger (Z \otimes I^{\otimes n-1}) C_1$$

はある n 量子ビットパウリ演算子であり，$Z \otimes I^{\otimes n-1}$ から D_1 へのアップデートは多項式時間でできる．同様に，

$$D_2 \equiv C_2^\dagger D_1 C_2$$

の計算も多項式時間でできる．これを繰り返して，最終的に n 量子ビットパウリ演算子

$$D_k = U^\dagger (Z \otimes I^{\otimes n-1}) U$$

を多項式時間で得ることができる．最後に，

$$\langle 0^n | D_k | 0^n \rangle$$

の値も多項式時間で計算できるので，これにより p を求めることができる．

このように，クリフォード演算子のみの量子計算は古典計算機で効率的にシミュレートできるのである．一方で，クリフォードではない演算子を 1 個もってくれば，ユニバーサル量子計算ができるようになる．たとえば，クリフォード演算子の組 $\{H, R_{\pi/2}, CZ\}$ にクリフォードでない演算子 $R_{\pi/4}$ を加えると，ユニバーサルになる．

演習問題　上記の説明を拡張し，$poly(n)$ 個のクリフォード演算子と $O(\log(n))$ 個の $R_{\pi/4}$ を作用させるような量子計算も，古典計算機で効率的にシミュレートできることを示せ．また，この方法では，$R_{\pi/4}$ の個数を $poly(n)$ にするとうまくいかないことを確認せよ（これは，計算すべきパターン数が指数関数的に増加してしまうことが原因である）．

演習問題　クリフォード演算子が実行でき，さらに，

$$\cos\frac{\pi}{8}|0\rangle + \sin\frac{\pi}{8}|1\rangle$$

という状態を好きなだけ用意できるなら，ユニバーサル量子計算が可能であることを証明せよ．この状態は，マジック状態（magic state）とよばれている[17]．また，この状態は H の固有状態であることも示せ．

演習問題　状態 $(|000\rangle + |100\rangle + |010\rangle + |111\rangle)/2$ は，トフォリ状態とよばれている．もしこの状態が準備できるなら，クリフォード演算子のみでトフォリ演算子が実現できることを示せ．

演習問題（発展）　match gate と free Fermion quantum computing について自分で論文を探し，読んで勉強しよう．

4.4　混合状態

前章で述べたように，量子計算機の状態はベクトル

$$\sum_z c_z|z\rangle$$

で表されるが，c_z は複素数なので，状態 $|z\rangle$ が確率 c_z で確率的に混合しているとは解釈できないということであった．

しかし，量子計算においても，通常の確率的混合の概念を扱いたい場合もある．たとえば，量子計算機の状態が確率 2/3 で $|\phi_1\rangle$ であり，確率 1/3 で $|\phi_2\rangle$ であるような状況はどう表せばよいのだろうか？ それは，

$$\frac{2}{3}|\phi_1\rangle\langle\phi_1| + \frac{1}{3}|\phi_2\rangle\langle\phi_2|$$

と表される．これはもはやベクトルではなく演算子である．

一般に，状態 $\{|\phi_i\rangle\}_i$ を確率 λ_i で混合した状態は

$$\rho \equiv \sum_i \lambda_i |\phi_i\rangle\langle\phi_i|$$

という演算子で表される．

演習問題　上記の ρ は，常にトレースが 1 の非負のエルミート演算子となることを示せ（ここで，トレースとは，行列の対角成分の和である．また，演算子 A がエルミート演算子（あるいは自己共役演算子）であるとは，$A = A^\dagger$ を満たすことである．エルミート演算子の固有値は実数であるが，エルミート演算子が非負であるとは，すべての固有値が非負であるような場合をいう）．

逆に，2^n 次元複素線形空間の任意のトレース 1 の非負のエルミート演算子 ρ は，状態の確率的混合を表す．なぜなら，ρ はエルミート演算子なので対角化可能であり，固有値の集合を $\{\lambda_i\}_{i=1}^{2^n}$，対応する固有ベクトルの集合を $\{|\phi_i\rangle\}_{i=1}^{2^n}$ とすると，

$$\rho = \sum_{i=1}^{2^n} \lambda_i |\phi_i\rangle\langle\phi_i|$$

と書ける．ρ はトレース 1 かつ非負なので，すべての i に対し $\lambda_i \geq 0$，かつ

$$\sum_{i=1}^{2^n} \lambda_i = 1$$

が成立するので，状態 $|\phi_i\rangle$ が確率 λ_i で「混合している」状態と解釈することができる．

とくに，ρ がランク 1（つまり，$\lambda_1 = 1$ かつ $i \geq 2$ については $\lambda_i = 0$）のときには，

$$\rho = |\phi_1\rangle\langle\phi_1|$$

となる．このようなとき，ρ は純粋（pure）であるという．純粋であるときは，簡単のため，単に $|\phi_1\rangle$ とベクトルで書いたりもする．純粋でないときは混合状態であるという．

演習問題　ρ がどのくらい「混合」しているのかを表す量として，$S(\rho) \equiv \mathrm{Tr}(\rho^2)$ というものがある（ここで，$\mathrm{Tr}\,A$ は行列 A のトレースを表す）．$S(\rho)$ は，$\rho = I^{\otimes n}/2^n$ のときに最小値 $1/2^n$ をとり，ρ が純粋のときに最大値 1 をとることを示せ．

つまりこの節より前までは，量子計算機の状態は複素ベクトルで表されると述べてきたが，実はそれは特殊な場合であり，最も一般的には，この節で説明したように，トレース 1 の非負のエルミート演算子で表されるのである．

このように，量子計算機の状態が演算子で表される場合，量子計算機の状態の変化はどう表されるだろうか？ 状態がベクトルで表されるときは，状態ベクトル $|\psi\rangle$ にユニタリ演算子 U を作用させることにより計算ステップを表現した．一般の混合状態の場合，ユニタリ演算子を両側から作用させる（$U\rho U^\dagger$）ことにより計算ステップを表現する．実際，こうすれば確率 λ_i で状態 $|\phi_i\rangle$ にあるような混合状態

$$\rho = \sum_i \lambda_i |\phi_i\rangle\langle\phi_i|$$

は

$$U\rho U^\dagger = U\left(\sum_i \lambda_i |\phi_i\rangle\langle\phi_i|\right)U^\dagger = \sum_i \lambda_i U|\phi_i\rangle\langle\phi_i|U^\dagger$$

となり，確かに，確率 λ_i で状態 $U|\phi_i\rangle$ にあるような混合状態に変化する．

では，測定はどうなるだろうか？ n 量子ビット状態

$$\rho = \sum_i \lambda_i |\phi_i\rangle\langle\phi_i|$$

を測定したときに $z \in \{0,1\}^n$ が得られる確率は

$$\mathrm{Tr}(|z\rangle\langle z|\rho)$$

である．実際，

$$\mathrm{Tr}(|z\rangle\langle z|\rho) = \sum_i \lambda_i \,\mathrm{Tr}(|z\rangle\langle z|\phi_i\rangle\langle\phi_i|) = \sum_i \lambda_i |\langle\phi_i|z\rangle|^2$$

となり，λ_i は状態 $|\phi_i\rangle$ が現れる確率，$|\langle\phi_i|z\rangle|^2$ は $|\phi_i\rangle$ を測定して z が得られる確率なので，確かに求めるものになっている．また，1 番目の量子ビットのみ測定したときに 1 が得られる確率は

$$\mathrm{Tr}[(|1\rangle\langle 1| \otimes I^{\otimes n-1})\rho]$$

である．実際，

$$\mathrm{Tr}[(|1\rangle\langle 1| \otimes I^{\otimes n-1})\rho] = \sum_i \lambda_i \langle\phi_i|(|1\rangle\langle 1| \otimes I^{\otimes n-1})|\phi_i\rangle$$

となる．

演習問題 図 4.4 の量子回路において，一番上の量子ビットを測定したとき，0 が得られる確率は

$$\frac{1 + \mathrm{Tr}(\rho\sigma)}{2}$$

であることを示せ．このような回路は，二つの量子状態 ρ と σ がどのくらい「近い」かを知ることができるものであり，SWAP テストなどとよばれて非常によく使われる．

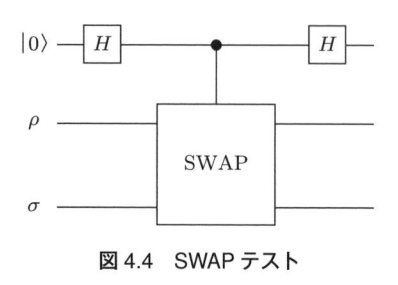

図 4.4　SWAP テスト

4.5　一般の量子測定：Kraus 演算子，POVM

前章において，量子計算機の状態が

$$\sum_z c_z |z\rangle$$

のとき，測定すると状態 $|z\rangle$ を確率 $|c_z|^2$ で得ると述べた．量子計算を理解するには究極的にはこれで十分であるが，量子論においてはもっと一般的な測定の理論が存在する．この節では，その一般の測定理論について説明する．

　古典物理理論においては，測定しようがしまいが値は最初からそこにある．また，測定によって状態が乱されるというようなことも起こらない．チューリングマシンも同様である．テープに書かれたビット値は，目で見ても見なくても最初からそこにあるし，目で見ると値が変わるというようなことは起こらない．しかし，量子論においては，まず一般に，測定という操作を行うまでは値は確定していない（ここまで見てきたように，量子状態は複素係数の重ね合わせなので，ある値が存在する，という解釈がそもそもできない）．さらに，測定を行うと，状態はその反作用を受けて変化してしまう．古典系でも，雑な測定をすれば状態は変化しうるが，それは単に測定が雑なだけであり，原理的にはまったく状態を乱さずに測定が可能である．しかし量子論の場合，原理的に不可能なのである．

　量子測定は，数学的には以下のように記述される．まず，測定は

$$\sum_{k=1}^{K}\sum_{j=1}^{J_k}(E_j^k)^\dagger E_j^k = I^{\otimes n}$$

を満たす 2^n 次元演算子の組 $\{E_j^k\}_{k=1,j=1}^{K,J_k}$ で表される．このような演算子を Kraus 演算子とよぶ．そして，状態 ρ を測定すると，結果 k が確率

$$\mathrm{Tr}\left(\sum_{j=1}^{J_k}E_j^k \rho (E_j^k)^\dagger\right)$$

で得られて，測定後の状態は

$$\frac{\sum_{j=1}^{J_k}E_j^k \rho (E_j^k)^\dagger}{\mathrm{Tr}\left(\sum_{j=1}^{J_k}E_j^k \rho (E_j^k)^\dagger\right)}$$

となる．以上が，最も一般な量子測定のルールである．

とくに，ρ が純粋で

$$\sum_z c_z |z\rangle$$

と書け，さらに $E^k = |k\rangle\langle k|$ $(k \in \{0,1\}^n)$ となっているような特殊な場合が，これまでの節で述べてきた「簡単な測定」になる．

演習問題 このとき，z を得る確率は

$$\mathrm{Tr}\left(\sum_{j=1}^{J_k}E_j^k \rho (E_j^k)^\dagger\right) = |c_z|^2$$

となることを確認せよ．

測定後の状態に興味がなく，測定結果の確率分布のみが必要な場合は，測定を次のようにも記述できる．まず，非負かつ

$$\sum_{k=1}^{K}M_k = I^{\otimes n}$$

を満たすような演算子の組 $\{M_k\}_{k=1}^{K}$ をとる．これを positive-operator valued measure（POVM）という．状態 ρ を測定したとき，値 k を得る確率は

$$\mathrm{Tr}(\rho M_k)$$

で与えられる．実際，すべての k に対し M_k は非負なので $\mathrm{Tr}(\rho M_k) \geq 0$ である．また，$\sum_k M_k = I^{\otimes n}$ なので，

$$\sum_{k=1}^{K} \mathrm{Tr}(\rho M_k) = 1$$

も成り立つ．

Kraus 演算子の組 $\{E_j^k\}_{j,k}$ から POVM をつくることもできる．実際，

$$M_k \equiv \sum_{j=1}^{J_k} (E_j^k)^\dagger E_j^k$$

とすればよいのである．

┃演習問題　これが POVM になっていることを確認せよ．

最後に，測定について有用な不等式を紹介しよう．たがいに交換する射影演算子 $P_1, P_2, \ldots, P_n$ を考えよう．任意の状態 ρ に対し

$$1 - \mathrm{Tr}(P_1 P_2 \cdots P_n \rho) \leq \sum_{i=1}^{n} \mathrm{Tr}[(I - P_i)\rho]$$

が成り立つ．これは union bound とよばれるものであり，射影演算子がたがいに交換しない場合にも拡張されている[31]．この不等式の直感的な意味は，次のようなものである．測定 $\{P_i, I - P_i\}$ を行ったときに，P_i が得られれば受理，$I - P_i$ が得られれば拒否としよう．もし，状態 ρ が各 i に対し受理する確率が高い，つまり，ある実数 ϵ が存在して，すべての $i = 1, 2, \ldots, n$ に対し

$$\mathrm{Tr}(\rho P_i) \geq 1 - \epsilon$$

が成り立つなら，union bound より，

$$1 - \mathrm{Tr}(P_1 P_2 \cdots P_n \rho) \leq n\epsilon$$

すなわち

$$\mathrm{Tr}(P_1 P_2 \cdots P_n \rho) \geq 1 - n\epsilon$$

がいえる．ϵ が n に対して十分小さいとき，これは，すべての測定を同時に行った場合にも受理する確率は高いということを意味する．

証明は数学的帰納法により可能である．まず，$n = 1$ のときに成り立つのは明ら

かである．次に，$n = k$ のときに成り立つと仮定しよう．

$$1 - \mathrm{Tr}(P_1 P_2 \cdots P_k \rho) \leq \sum_{i=1}^{k} \mathrm{Tr}[(I - P_i)\rho]$$

すると，

$$
\begin{aligned}
1 - \mathrm{Tr}(P_1 P_2 \cdots P_k P_{k+1} \rho) &= 1 - \mathrm{Tr}[P_1 P_2 \cdots P_k (I - (I - P_{k+1}))\rho] \\
&= 1 - \mathrm{Tr}[P_1 P_2 \cdots P_k \rho] + \mathrm{Tr}[P_1 P_2 \cdots P_k (I - P_{k+1})\rho] \\
&= 1 - \mathrm{Tr}[P_1 P_2 \cdots P_k \rho] \\
&\quad + \mathrm{Tr}[(I - (I - P_1 P_2 \cdots P_k))(I - P_{k+1})\rho] \\
&= 1 - \mathrm{Tr}[P_1 P_2 \cdots P_k \rho] + \mathrm{Tr}[(I - P_{k+1})\rho] \\
&\quad - \mathrm{Tr}[(I - P_1 P_2 \cdots P_k)(I - P_{k+1})\rho] \\
&\leq 1 - \mathrm{Tr}[P_1 P_2 \cdots P_k \rho] + \mathrm{Tr}[(I - P_{k+1})\rho] \\
&\leq \sum_{i=1}^{k} \mathrm{Tr}[(I - P_i)\rho] + \mathrm{Tr}[(I - P_{k+1})\rho] \\
&= \sum_{i=1}^{k+1} \mathrm{Tr}[(I - P_i)\rho]
\end{aligned}
$$

となり，$n = k + 1$ のときも証明できた．ただし，$(I - P_1 P_2 \cdots P_k)(I - P_{k+1})$ が射影演算子なので，

$$\mathrm{Tr}[(I - P_1 P_2 \cdots P_k)(I - P_{k+1})\rho] \geq 0$$

が成り立つということを使っている．$(I - P_1 P_2 \cdots P_k)(I - P_{k+1})$ が射影演算子であるということは，$P_1, P_2, \ldots, P_{k+1}$ がたがいに交換することを使って，

$$
\begin{aligned}
&(I - P_1 P_2 \cdots P_k)(I - P_{k+1})(I - P_1 P_2 \cdots P_k)(I - P_{k+1}) \\
&= (I - P_1 P_2 \cdots P_k)^2 (I - P_{k+1})^2 = (I - P_1 P_2 \cdots P_k)(I - P_{k+1})
\end{aligned}
$$

と示せる．

4.6 量子状態の間の距離

　量子情報・量子計算においては，二つの量子状態 ρ と σ がどれだけ「近い」かを定量的に評価することが必要になる場面がよくある．ここでは，代表的な距離であ

る L1 距離（L1 distance）（あるいはトレース距離（trace distance））とフィデリティ（fidelity）について説明しよう.

まず, 二つの量子状態 ρ と σ の間の L1 距離は

$$\frac{1}{2}\|\rho - \sigma\|_1$$

で定義される. ただし,

$$\|X\|_1 \equiv \mathrm{Tr}\left(\sqrt{X^\dagger X}\right) = \max_{U:\,\text{ユニタリ演算子}} |\mathrm{Tr}(XU)|$$

は L1 ノルム（L1 norm）もしくはトレースノルム（trace norm）である.

L1 距離は

$$\frac{1}{2}\|\rho - \sigma\|_1 = \max_{0 \leq M \leq I}\left(\mathrm{Tr}(M\rho) - \mathrm{Tr}(M\sigma)\right)$$

が成り立つので, 任意の POVM 要素 M に対し,

$$\mathrm{Tr}(M\rho) - \mathrm{Tr}(M\sigma) \leq \frac{1}{2}\|\rho - \sigma\|_1$$

を満たす. また,

$$\frac{1}{2}\|\rho - \sigma\|_1 = \frac{1}{2}\max_{\{M_x\}:\,\mathrm{POVM}}\sum_x |\mathrm{Tr}(M_x\rho) - \mathrm{Tr}(M_x\sigma)|$$

も成り立つので, 任意の POVM $\{M_x\}$ に対し,

$$\frac{1}{2}\sum_x |\mathrm{Tr}(M_x\rho) - \mathrm{Tr}(M_x\sigma)| \leq \frac{1}{2}\|\rho - \sigma\|_1$$

を満たす. これらの不等式はとてもよく使われる. さらに,

$$\left\|\sum_x p_x\rho_x - \sum_x q_x\sigma_x\right\|_1 \leq \sum_x |p_x - q_x| + \sum_x p_x\|\rho_x - \sigma_x\|_1$$

という関係や

$$\left\|\bigotimes_{i=1}^k \rho_i - \bigotimes_{i=1}^k \sigma_i\right\|_1 \leq \sum_{i=1}^k \|\rho_i - \sigma_i\|_1$$

という関係[99]も有用である.

フィデリティは次のように定義される.

$$F(\rho, \sigma) \equiv \mathrm{Tr}\left(\sqrt{\sqrt{\rho}\,\sigma\sqrt{\rho}}\right) = \|\sqrt{\rho}\sqrt{\sigma}\|_1$$

とくに，ρ が純粋状態の場合，

$$F(\rho, \sigma) = \sqrt{\langle \rho | \sigma | \rho \rangle}$$

となる．さらに，σ も純粋状態の場合，

$$F(\rho, \sigma) = |\langle \sigma | \rho \rangle|$$

となる．また，フィデリティは，

$$F(\rho, \sigma) = \max_{|\rho\rangle, |\sigma\rangle} |\langle \rho | \sigma \rangle|$$

とも定義できる（Uhlmann の定理）．ここで，max は ρ と σ のすべての純粋化された状態 $|\rho\rangle$, $|\sigma\rangle$ についてとる．ただし，状態 $\rho \in H_A$ の純粋化された状態とは，

$$\mathrm{Tr}_B(|\rho\rangle\langle\rho|) = \rho$$

となるような純粋状態 $|\rho\rangle \in H_A \otimes H_B$ のことである（H_A と H_B はヒルベルト空間）．
フィデリティは任意の状態 ρ, ξ, σ に対し，

$$F(\rho, \sigma)^2 + F(\sigma, \xi)^2 \leq 1 + F(\rho, \xi)$$

が成り立つことが知られている．また，任意の状態 ρ_1, ρ_2, σ_1, σ_2 に対し，

$$F(\rho_1 \otimes \rho_2, \sigma_1 \otimes \sigma_2) = F(\rho_1, \sigma_1)F(\rho_2, \sigma_2)$$

も成り立つ．さらに，

$$F(\rho, \sigma) = \|\mathrm{Tr}_A(|\rho\rangle\langle\sigma|)\|_1$$

とも書ける．ただし，状態 ρ, $\sigma \in H_A$ に対し，$|\rho\rangle$, $|\sigma\rangle \in H_A \otimes H_B$ はそれらの任意の純粋化された状態である．実際，

$$
\begin{aligned}
\|\mathrm{Tr}_A(|\rho\rangle\langle\sigma|)\|_1 &= \max_{U \in H_B} |\mathrm{Tr}_B[\mathrm{Tr}_A(|\rho\rangle\langle\sigma|)U_B]| \\
&= \max_{U \in H_B} |\mathrm{Tr}[|\rho\rangle\langle\sigma|(I_A \otimes U_B)]| \\
&= \max_{U \in H_B} |\langle\sigma|(I_A \otimes U_B)|\rho\rangle| \\
&= F(\rho, \sigma)
\end{aligned}
$$

である．

L1 距離とフィデリティの間には，

$$1 - F(\rho, \sigma) \leq \frac{1}{2}\|\rho - \sigma\|_1 \leq \sqrt{1 - F(\rho, \sigma)^2}$$

という関係式がある（Fuchs–van de Graaf の不等式）．これは非常によく使われる．
ρ も σ も純粋状態のときは，右側の不等式は等式になる．

第 5 章

測定型量子計算

　これまで説明してきた量子計算は，チューリングマシンや回路モデルなどの古典計算のモデルを量子に拡張したものであった．2001 年に，ドイツの Raussendorf と Briegel により，測定型量子計算（measurement-based quantum computing）とよばれるまったく新しい量子計算のスキームが提案された[77]．これまで説明してきた量子計算は，量子状態にユニタリ演算子を作用させることにより計算を遂行したが，この測定型量子計算では，まずある特殊な多量子ビット状態を用意し，後は各量子ビットを順番に射影測定するだけで任意の量子計算が実現できるのである．これは，量子状態が測定の反作用により変化する性質を使っているため，古典計算には対応する概念がなく，真に「量子的」な量子計算であるともいえる（注意したいのは，この測定型量子計算は新しいスキームではあるが，単に記述の仕方がこれまでの量子計算と異なるというだけで，数学的には従来の量子計算とまったく等価である．したがって，測定型量子計算の計算能力も従来の量子計算と同じである．しかし，その新しい記述の仕方が新しい視点を提供してくれ，さらに非常に便利なものであるため，従来の量子計算モデルだけ考えていてはなかなか得られなかったであろう新しい結果が次々と生み出されてきたのである）．

　この章では，本書の後半を理解するのに必要な，測定型量子計算の基礎について解説する．より詳細な説明や，さまざまな事例への応用については文献 [53] を参照されたい．

5.1　測定型量子計算における計算の進め方

　測定型量子計算においては，まず最初に，ある量子状態を用意する（図 5.1(a)）．この状態はリソース状態とよばれており，どういう量子計算を行うかに依存しない固定した状態である．リソース状態を用意した後，各量子ビットを順番に射影測定する．この測定基底をいろいろ変えることにより，任意の量子計算を実現することが可能である．また，この測定は適応的（adaptive）に行われる．つまり，まず，1

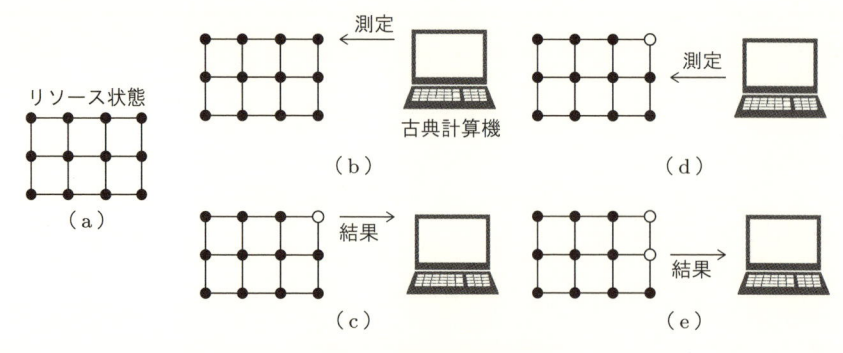

図 5.1　測定型量子計算

番目の量子ビットを測定し，結果を得る（図 5.1(b), (c)）．次に，その結果を古典
計算機で処理し，2 番目の量子ビットの測定基底を決める．2 番目の量子ビットを
測定し，測定結果を得る（図 5.1(d), (e)）．その結果と，1 番目の測定の結果をまた
古典計算機で処理し，3 番目の量子ビットの測定角度を決め，測定する．このよう
に，以前の測定結果に依存した測定を次々と行うのである．後で詳しく説明するよ
うに，このような方法で，任意の量子計算をシミュレートすることができる．つま
り，与えられた任意のユニタリ演算子 U に対し，上記の古典計算処理をうまく選ん
で一部の量子ビットを残してすべてを測定する．すると，測定されずに残された量
子ビットの状態を $U|0^n\rangle$ にすることができるのである（実際は，この状態の各量子
ビットにランダムにパウリ演算子の I, X, Z が作用した状態となる．これについて
も後ほど詳しく述べる）．

5.2　グラフ状態

　任意の量子計算が可能となるリソース状態としてはいろいろなものが知られている
が，最初に Raussendorf と Briegel により提案された代表的な例として，クラスター
状態（cluster state）というものがある[77]．クラスター状態は，グラフ状態（graph
state）ともよばれている（一般の形のグラフの場合にグラフ状態とよばれ，とくに
グラフが 2 次元正方格子の場合にクラスター状態とよぶということになっているよ
うではあるが，実際はあまり厳密な区別はしていない場合がほとんどである）．

　グラフ状態の定義は，以下のとおりである．あるグラフ $G = (V, E)$ を考えよう
（図 5.2）．ただし，V はグラフの頂点の集合，E はグラフの辺の集合である．n は頂点
の個数，つまり $n \equiv |V|$ とする．グラフの各頂点に量子ビットを $|+\rangle = (|0\rangle + |1\rangle)/\sqrt{2}$
の状態でおく．次に，二つの頂点が辺で結ばれていれば，その二つの頂点に CZ ゲート

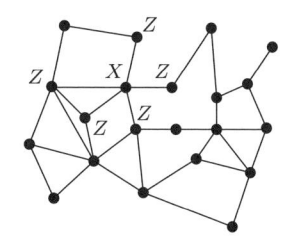

図 5.2　グラフの例

$$CZ \equiv |0\rangle\langle 0| \otimes I + |1\rangle\langle 1| \otimes Z$$

を作用させる．CZ ゲートはたがいに交換するので，作用させる順序は任意でよい．こうしてつくられる状態をグラフ状態とよんでいる．つまり，グラフ G に対応するグラフ状態 $|G\rangle$ の定義は

$$|G\rangle \equiv \left(\prod_{e \in E} CZ_e\right)|+\rangle^{\otimes |V|}$$

である．ここで，CZ_e は辺 e の二つの頂点に作用する CZ ゲートである．

いま，各頂点 $i \in V$ に対し

$$g_i \equiv \left(\prod_{e \in E} CZ_e\right) X_i \left(\prod_{e \in E} CZ_e\right)$$

という演算子を定義しよう．簡単に示せるように，

$$g_i = X_i \prod_{j \in W_i^Z} Z_j$$

が成り立つ．ここで，

$$W_i^Z \equiv \{j \in V \mid (i,j) \in E\}$$

である．つまり，g_i は頂点 i に X を作用させ，頂点 i と辺でつながった各頂点に Z を作用させる演算子である（図 5.2）．

演習問題　以下の性質が成り立つことを示せ．

1. $g_i^2 = I^{\otimes n}$
2. $[g_i, g_j] = 0$
3. $g_i|G\rangle = |G\rangle$

ただし，$[A, B] \equiv AB - BA$ は交換子とよばれるものである．ちなみに，3 番目の性質は，$\{g_i\}_{i=1}^n$ が $|G\rangle$ のスタビライザーであることを意味する．

また,

$$\prod_{i=1}^{n} \frac{I^{\otimes n} + g_i}{2} = |G\rangle\langle G|$$

という関係式はよく使われる．これは，

$$\prod_{i=1}^{n} \frac{I + X_i}{2} = |+\rangle\langle+|^{\otimes n}$$

という自明な関係式の両辺に，それぞれ両側から $\prod_{e \in E} CZ_e$ を作用させると

$$\left(\prod_{e \in E} CZ_e\right)|+\rangle\langle+|^{\otimes n}\left(\prod_{e \in E} CZ_e\right) = |G\rangle\langle G|$$

$$\left(\prod_{e \in E} CZ_e\right)\prod_{i=1}^{n}\frac{I + X_i}{2}\left(\prod_{e \in E} CZ_e\right) = \prod_{i=1}^{n}\left[\left(\prod_{e \in E} CZ_e\right)\frac{I + X_i}{2}\left(\prod_{e \in E} CZ_e\right)\right]$$

$$= \prod_{i=1}^{n}\frac{I^{\otimes n} + g_i}{2}$$

となることから証明できる．

5.3 グラフ状態上での測定型量子計算

なぜグラフ状態を測定するだけで量子計算ができるのだろうか？ それは，次のように考えれば理解できる．いま，

$$|\psi\rangle = a|0\rangle + b|1\rangle$$

という 1 量子ビット状態をもっているとする．それに $|+\rangle$ 状態をくっつけて，CZ ゲートを作用させる．すると，

$$CZ(|\psi\rangle_1|+\rangle_2) = a|0\rangle_1|+\rangle_2 + b|1\rangle_1|-\rangle_2$$

となる．1 番目の量子ビットを $|0\rangle + e^{i\theta}|1\rangle$ に射影する．すると，2 番目の量子ビットが

$$a|+\rangle_2 + be^{-i\theta}|-\rangle_2 = He^{i\theta Z/2}|\psi\rangle_2$$

となる．つまり，最初にもっていた状態 $|\psi\rangle$ に

$$J(\theta) \equiv He^{i\theta Z/2}$$

というユニタリ演算子が作用させられた．この $J(\theta)$ というユニタリ演算子を組み合わせれば，任意の1量子ビットユニタリ演算子がつくれる．実際，

$$J(0) = H, \qquad J(0)J(\theta) = e^{i\theta Z/2}$$

なので，アダマール演算子 H と R_θ が実現できる．H と R_θ を組み合わせれば，任意の1量子ビットユニタリ演算子が実現できる．

図5.3に示すように，測定と CZ ゲートは可換である．つまり，上の図のように，まず a の量子ビットを測定してからその後に b と c の量子ビットに CZ を作用させるのは，下の図のように，まず b と c の量子ビットに CZ を作用させてから a の量子ビットを測定するのと等価である．したがって，まず長い1次元グラフ状態をつくり，左から順番に量子ビットを測定していけば，任意の $J(\theta_1)J(\theta_2)\cdots$ というユニタリ演算子が実現できるのである．

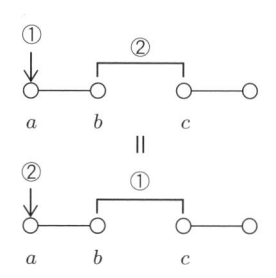

図5.3　測定と CZ ゲートの可換性

後は，何か適切な2量子ビットユニタリ演算子が実現できれば，任意のユニバーサル量子計算ができるわけであるが，2量子ビットゲートの説明に移る前に1点補足しておく．測定においては，常に望みの状態に射影できるとは限らない．もし先ほどの測定において，$|0\rangle + e^{i\theta}|1\rangle$ ではなく，直交する状態 $|0\rangle - e^{i\theta}|1\rangle$ に射影するとどうなるだろうか？ この場合，簡単に確かめられるように，2番目の量子ビットは

$$a|+\rangle_2 - be^{-i\theta}|1\rangle_2 = XHe^{i\theta Z/2}|\psi\rangle_2 = XJ(\theta)|\psi\rangle_2$$

となる．つまり，余分な X が付いてしまう．これは副次的演算子（byproduct operator）とよばれる．副次的演算子は，次の測定角度を調節することにより効果をキャンセルできる．たとえば，$J(\theta)J(\phi)$ というゲートを実現したいとしよう．まずは基底 $\{|0\rangle \pm e^{i\phi}|1\rangle\}$ で測定するわけだが，測定結果が $a \in \{0,1\}$ のとき

$$X^a J(\phi)|\psi\rangle$$

を得る．次に行う測定は $\{|0\rangle \pm e^{(-1)^a i\theta}|1\rangle\}$ という基底で行う．この測定結果が $b \in \{0,1\}$ のとき

$$X^b J((-1)^a \theta) X^a J(\phi)|\psi\rangle = X^b Z^a J(\theta) J(\phi)|\psi\rangle$$

を得るので，副次的演算子 $X^b Z^a$ を除いて $J(\theta)J(\phi)$ が実現できた．このように，以前の測定結果に従って次の測定角度を調節すれば，測定結果にかかわらず，決定的に任意の量子計算が実現できるのである．逆にいうと，このような適応的な測定を行わないと，計算の途中に副次的演算子が入り込んでしまい，正しい量子計算が実現できないことも理解できるだろう[†]．

では，2 量子ビットゲートの説明に移ろう．たとえば，図 5.4(a) に示すように，二つの 1 次元グラフ状態を並列に並べ，まず左端の四つを X 基底で測定した後，右端の二つに CZ を作用させれば，

$$\begin{aligned} CZ(X^a H X^b H \otimes X^c H X^d H) &= CZ(X^a Z^b HH \otimes X^c Z^d HH) \\ &= CZ(X^a Z^b \otimes X^c Z^d) \\ &= (X^a Z^{b\oplus c} \otimes X^c Z^{a\oplus d}) CZ \end{aligned}$$

というゲートが実現できる．つまり，副次的演算子を除いて CZ が実現できる．しかし，これは図 5.4(b) に示すように，まず CZ を作用させてから量子ビットを測定しても等価である．したがって，最初にコの字型のグラフ状態をつくり，後は各量子ビットを測定すれば CZ ゲートが実現できるのである．たとえば図 5.5 のように，与えられた量子回路に対応するグラフ状態をつくれば，後はその各量子ビットを測定するだけでその量子回路をシミュレートできるのである．

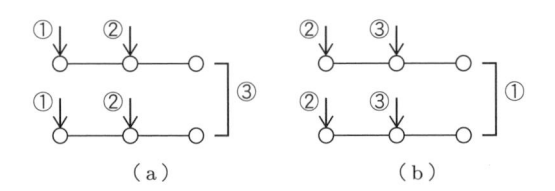

図 5.4　CZ ゲート

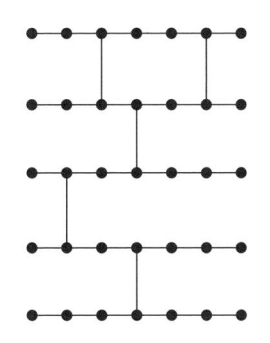

図 5.5　回路の形を反映したグラフ状態

　もしくは，たとえば 2 次元平方格子上のグラフ状態のような，回路の形に依存しない，ある固定された形のグラフ状態をつくるだけでも，任意の回路をシミュレートすることができる．なぜなら，Z 測定と X 測定によりグラフ状態の形を変形できるからである．まず，グラフ状態を Z 基底で測定すると，測定した頂点を取り除いたグラフのグラフ状態をつくることができる．実際，任意のグラフ状態 $|G\rangle$ は

$$|G\rangle = \frac{1}{\sqrt{2}}\left(|0\rangle_i \otimes |G'\rangle + |1\rangle_i \otimes \left(\bigotimes_{j \in N_i} Z_j\right)|G'\rangle\right)$$

と書ける．ここで，N_i はグラフ G において，頂点 i と辺でつながった頂点の集合であり，G' は，グラフ G から頂点 i と，頂点 i につながったすべての辺を取り除いたグラフである．頂点 i を Z 基底で測定すると，測定結果 $a \in \{0,1\}$ に応じて

$$\left(\bigotimes_{j \in N_i} Z_j\right)^a |G'\rangle \tag{5.1}$$

という状態を得る．つまり，副次的演算子を除いて，グラフ状態 $|G'\rangle$ を得ることができるのである．

　また，図 5.6 において黒い量子ビットを X で測定すると，図に示すような変形を行うことができる．図において，H はアダマールゲートを最後に作用させることを意味する（つまり，くの字型のグラフ状態の折れ曲がっている箇所にアダマールゲー

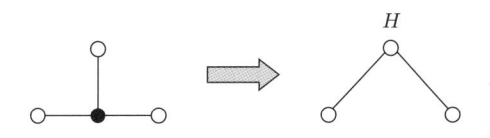

図 5.6　X 測定による 4 量子ビットグラフ状態の変形

トが作用した状態を表す）．これは X 測定において $|+\rangle$ が得られた場合であるが，$|-\rangle$ が得られた場合は H が XH に変わる．これは，直接計算してももちろん示せるが，次のように考えればすぐにわかる．黒い量子ビットを $|-\rangle$ で射影するというのは，黒い量子ビットに Z を作用させてから $|+\rangle$ で射影するのと等価である．そして，スタビライザーの性質より，黒い量子ビットに Z を作用させることは，黒い量子ビットの上の量子ビットに X を作用させることと等価である．そして，その X の作用と，黒い量子ビットを X で測定するのは交換するので，まずは通常のグラフ状態の黒い量子ビットを $|+\rangle$ で射影して計算し，一番最後に X を作用させればよいのである．

演習問題 図5.6において，黒い量子ビットを X で測定すると，図で示されるような変形が起きることを示せ．

したがって，図5.7に示すように，「工」の形をしたグラフ状態を使えば，CZ ゲートが実現できることがわかる．ただし，図における点線は「交換するので，一番最後に掛ける CZ ゲート」を意味する．

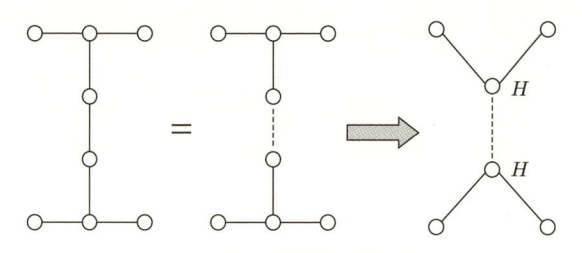

図5.7 CZ ゲートの実現

ちなみに，図5.8において黒い量子ビットを X で測定すると，図に示すような変形も行うことができる．

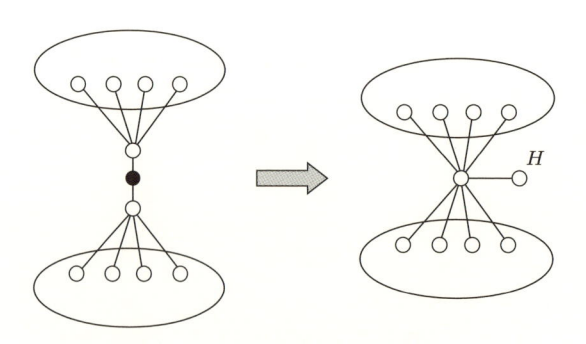

図5.8 X 測定によるグラフ状態の変形

演習問題 図 5.8 のような変形ができることを証明せよ（ヒントは図 5.9）.

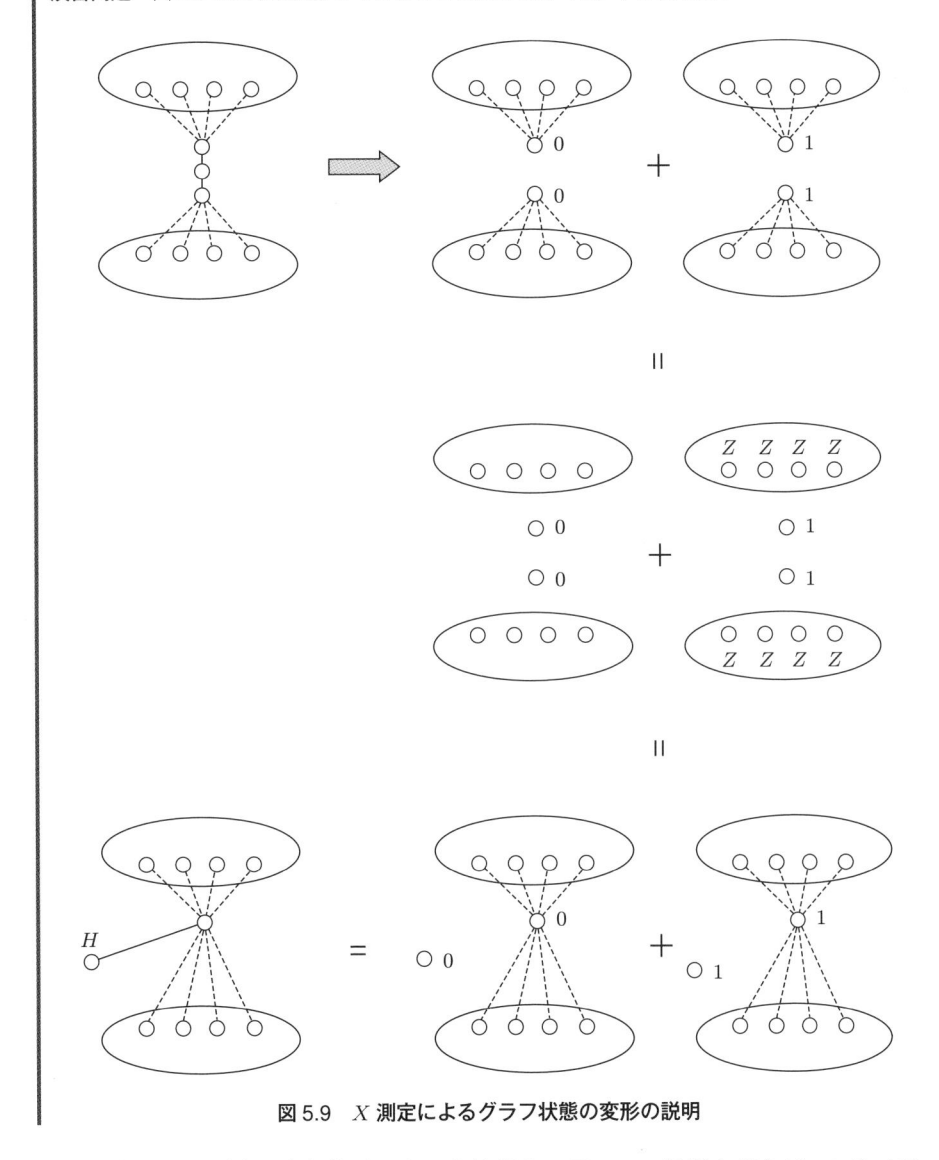

図 5.9 X 測定によるグラフ状態の変形の説明

Z 測定により頂点が取り除けるという性質と，図 5.7 の性質を使えば，2 次元平方格子上のグラフ状態で任意の量子計算が実現できることがわかる．実際，図 5.10 のように，Z 測定を用いて回路の形のグラフ状態を「くりぬけ」ばよいのである．

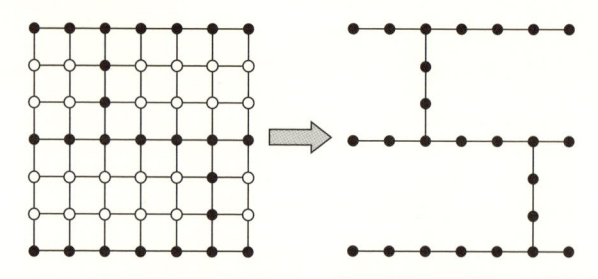

図 5.10　2 次元平方格子上のグラフ状態から回路の形をくりぬく

5.4　ハイパーグラフ状態

　グラフ状態はグラフから状態が定義されるが，それを拡張し，ハイパーグラフ（hyper graph）から定義されるハイパーグラフ状態（hyper graph state）というものも提案されている[80]．まず，ハイパーグラフというのは，グラフを拡張したものであり，グラフにおいては，辺は二つの頂点からなるが，その辺の概念を一般化し，任意の個数からなるハイパー辺（hyper edge）というものを考える．たとえば，図 5.11 はハイパーグラフの例であり，黒丸は頂点，線で囲まれた黒丸の集合が一つのハイパー辺である．

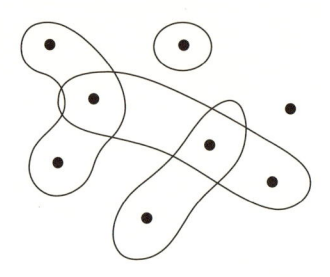

図 5.11　ハイパーグラフの例

　ハイパーグラフ $G = (V, E)$ が与えられたとき，ハイパーグラフ状態 $|G\rangle$ を次のように定義する．まず，各頂点に $|+\rangle$ を置き，その後，各ハイパー辺に一般化 CZ ゲートを作用させる．この一般化 CZ ゲートというのは，すべての量子ビットが $|1\rangle$ のときのみ係数に -1 を掛けるという演算子である．たとえば，r 量子ビットに作用する一般化 CZ ゲートは

$$I^{\otimes r} - 2|1\rangle\langle 1|^{\otimes r}$$

となる．以下では，一般化 CZ ゲートも単に CZ と書く．つまり，ハイパーグラフ $G = (V, E)$ に対応するハイパーグラフ状態 $|G\rangle$ は，

$$|G\rangle \equiv \left(\prod_{e \in E} CZ_e\right)|+\rangle^{\otimes|V|}$$

として定義される.

　ハイパーグラフ状態は，パウリ測定のみで測定型量子計算が実現できるようなリソース状態であることが知られている[62]. また，第 10 章で見るように，ハイパーグラフ状態は IQP とよばれる，ユニバーサルではないが，古典計算機では効率的にシミュレートできないような量子計算モデルでつくられる状態でもある.

　グラフ状態は，頂点に X を作用させ，その最近接頂点に Z を作用させるような演算子をスタビライザーにもつ. 実は，ハイパーグラフ状態もスタビライザーをもつ. ただし，もはやパウリ演算子のみのテンソル積では記述できないものであるため，一般化されたスタビライザーというべきである. ハイパーグラフ状態の頂点 i に対応するスタビライザー演算子は

$$g_i \equiv \left(\prod_{e \in E} CZ_e\right) X_i \left(\prod_{e \in E} CZ_e\right) = X_i \prod_{e \in E_i} CZ_{e-i}$$

として定義される. ここで, E_i は頂点 i を含むようなハイパー辺の集合であり, CZ_{e-i} は, ハイパー辺 e から頂点 i を除いてつくられるハイパー辺に作用する一般化 CZ ゲートを表す. グラフ状態のときと同様に,

1. $g_i^2 = I^{\otimes n}$
2. $[g_i, g_j] = 0$
3. $g_i|G\rangle = |G\rangle$
4. $|G\rangle\langle G| = \prod_{i=1}^{n}[(I^{\otimes n} + g_i)/2]$

が成り立つことが簡単に示せる.

第**6**章

計算量理論の基礎

計算量理論とは，ある問題を解くのに，ある計算機がどのくらいのリソース（時間やメモリなど）を必要とするかを研究する学問であり，計算機科学において中心的な分野の一つである．その計算機が量子計算機の場合，量子計算量理論とよばれる．この章では，次章以降の内容を理解するのに必要な，古典計算量理論と量子計算量理論の基礎について簡単に説明する．非専門家（とくに物理系の読者）に直感的にわかりやすいことを優先した説明になっているため，正確な定義や細かい議論の詳細などが知りたい場合は，古典計算量理論についてはたとえば文献 [10, 86] など，量子計算量理論についてはたとえば文献 [51, 95] などの教科書を参照されたい．

6.1 判定問題

計算量理論とは，ある問題を解くのにどのくらいの時間やメモリなどを必要とするかを研究する学問であると述べたが，そもそも「問題」といってもいろいろある．たとえば，「1 + 1 は何か？」「15 は 3 より大きい素因数をもつか？」「明日晴れる確率は何パーセントか？」などである．あるいは，「固体中の電子の動きをシミュレートせよ」というようなシミュレーション問題もある．

このように問題というのはいろいろなものがあるが，計算機科学においては，判定問題（decision problem）を考えるのがスタンダードである．判定問題とは，YESか NO で答えられる問題のことである．YES を 1 で表し，NO を 0 で表すことにすれば，判定問題とは，0 か 1 の 1 ビットのみを出力して答えられる問題であるともいえる．たとえば，「1 + 1 は何か？」という問題は YES か NO では答えられないため，判定問題ではない．しかし，「15 は 3 より大きい素因数をもつか？」という問題は YES か NO で答えられるので判定問題である．もちろん，判定問題でない問題も非常に多くあるが，その多くは判定問題に焼き直すことができるし，判定問題はシンプルで扱いやすいので，計算機科学においては「問題」の一つのよいモデル化として，スタンダードなものとなっている．

　問題を判定問題に限定すると，問題はビット列の部分集合で表すことができる．つまり，問題の入力をビット列 $x \in \{0, 1\}^*$ とし，答えが YES なら $x \in L$，NO なら $x \notin L$ となるような部分集合 $L \subseteq \{0, 1\}^*$ として問題を表すのである[†]．たとえば，偶数判定問題を考えよう．これは，与えられた自然数が偶数か否かを判定する問題であるが，

$$L \equiv \{0, 10, 100, 110, 1000, \cdots\}$$

という，偶数（を 2 進数で表したもの）の集合で表せる．問題の特定の入力は，$x = 110$ などの自然数（を 2 進数で表したもの）であり，もし偶数であれば，答えは YES なので $x \in L$ となる．もし x が奇数ならば $x \notin L$ となる．L は言語（language）ともよばれる．

　判定問題に限定すると，計算機としては，$x \in \{0, 1\}^*$ を入力として得て，1 ビットを出力するものを考えればよい．計算機が 1 を出力するとき，入力 x を受理（accept）するといい，0 を出力するとき拒否（reject）するという．

　場合によっては，$\{0, 1\}^*$ のすべての要素を入力としないこともある．つまり，$A_{\text{yes}} \cap A_{\text{no}} = \emptyset$ なる二つの部分集合 $A_{\text{yes}}, A_{\text{no}} \subseteq \{0, 1\}^*$ を考え，入力としては必ず $A_{\text{yes}} \cup A_{\text{no}}$ の要素しか与えられないと仮定するのである．このような，入力の形が「約束された」判定問題は，とくにプロミス問題（promise problem）ともよばれる．本書では簡単のため，実際はプロミス問題である場合でも，すべて区別せず言語ということにする．

6.2　P, BPP

　判定問題を分類することにより，さまざまな計算量クラスを得ることができる．古典計算量理論における代表的なクラスとしては P, BPP, NP がある．この節では P と BPP を定義し，NP は次節で定義する．

　まず，P は次のように定義される．

定義　ある言語 L が P に入るとは，多項式時間決定的チューリングマシンが存在して，

1. $x \in L$ のとき，受理
2. $x \notin L$ のとき，拒否

を満たすことである．

[†]　ただし，$\{0, 1\}^*$ はビット列の集合を表す．

ここで，多項式というのは，入力 x のサイズ $|x|$ の多項式という意味である（以下では，混乱が生じるおそれのない場合，単に多項式と書く）．つまり，P は決定的古典計算機を使って多項式時間で解ける問題の集合である[†].

したがって，P というのは「簡単な」問題の集合といってもよい．しかし，我々が普段行っている現実の計算においては，決定的な計算だけでなく，たとえばモンテカルロ法といった，確率的な計算も普通に行われている．そこで，「簡単に解ける」問題のクラスとしては，決定的古典計算機で多項式時間で解けるものだけでなく，確率的古典計算機を使って多項式時間で解ける問題も含めるのが適切である．

多項式時間確率的古典計算機で解ける問題のクラスは，BPP とよばれている．

定義　ある言語 L が BPP に入るとは，多項式時間確率的チューリングマシンが存在して，

1. $x \in L$ のとき，受理確率 $\geq 2/3$
2. $x \notin L$ のとき，受理確率 $\leq 1/3$

を満たすことである．

2点注意がある．まず，BPP の定義における確率的チューリングマシンとしては，確率 $1/2$ である遷移をし，確率 $1/2$ で別の遷移をするという等確率の二者択一のみを行うものに制限しても一般性を失わない．そこで本書では，以下そのように仮定する．すると，確率的古典計算は，図 6.1 (a) のような二つの分岐のみからなる木で書くことができる（図において，a は受理（accept），r は拒否（reject）を表す）．

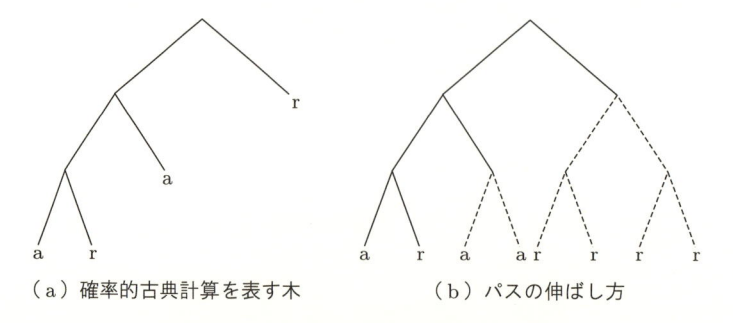

（a）確率的古典計算を表す木　　　（b）パスの伸ばし方

図 6.1　すべてのパスの長さを同じにできる

[†]　ただし，多項式時間といっても，n^{100000} などは現実的な時間で解けるとはいえない．指数関数 e^n に比べればという意味である．また，いったん n^{100000} 時間で解けることがわかると，それを n^2 時間などに改良できたりするため，ひとまず多項式かそうでないかで区別するのは有用である．

この図のように，一般には各パスの長さは異なるものとなるが，図 6.1 (b) のように，短いパスは適切に分岐を付け加えて長くし，伸びたパスの結果はすべて伸ばす前の結果と等価にすれば，受理確率も拒否確率も変化しない．したがって，確率的計算としては，すべてのパスの長さが等しいようなもののみを考えても一般性を失わない．

次に，上記の BPP の定義において $(2/3, 1/3)$ の値は深い意味はなく，実は，$a - b \geq 1/poly$ を満たす任意の $0 \leq b < a \leq 1$ に対し，

1. $x \in L$ のとき，受理確率 $\geq a$
2. $x \notin L$ のとき，受理確率 $\leq b$

となっていれば，任意の多項式 r に対し，

1. $x \in L$ のとき，受理確率 $\geq 1 - 2^{-r}$
2. $x \notin L$ のとき，受理確率 $\leq 2^{-r}$

とすることができる．なぜなら，$a - b \geq 1/poly$ であれば，その計算を多項式回繰り返して多数決をとれば，間違える確率を任意の多項式 r に対し 2^{-r} 以下にすることができ，さらに，多項式時間の計算を多項式回繰り返しても，全体で費やす時間は多項式時間だからである．

確率的古典計算を多項式時間行うのは，我々が「可能」なことなので，ある意味，「簡単に解ける問題のクラス＝BPP」ということができる[†]．

6.3 NP

NP は，次のように定義される．

定義 ある言語 L が NP に入るとは，多項式時間確率的チューリングマシンが存在して，

1. $x \in L$ のとき，受理確率 > 0
2. $x \notin L$ のとき，受理確率 $= 0$

を満たすことである．

<hr />

[†] P のときと同様に，多項式といっても n^{100000} などもあるため，本当にいますぐ手元のパソコンで解けるという意味ではない．

NP の定義においては，たとえば，ある非常に大きい多項式 r に対し，

1.　$x \in L$ のとき，受理確率 $= 2^{-r}$
2.　$x \notin L$ のとき，受理確率 $= 0$

というような場合も含まれるが，このような指数関数的に小さいギャップは，BPP のときのように，多項式回繰り返した結果の多数決をとっても成功確率を定数に増幅することはできない．

6.4　非決定性チューリングマシン

NP は確率的チューリングマシンで定義されたが，実は，「非決定性チューリングマシン」というものでも定義できる（ちなみに，物理では「非決定性」というと通常「確率的」という意味にとられるが，ややこしいことに，非決定性チューリングマシンの「非決定性」というのはそういう意味ではない．英語の場合はもっと悪い．非決定性チューリングマシンは "non-deterministic Turing machine" なので，これだと物理では完全に確率的チューリングマシンという意味になってしまう．これから説明するように，非決定性チューリングマシンの「非決定性」は確率的という意味ではない）．非決定性チューリングマシンとは，計算の各ステップにおいて非決定性遷移（non-deterministic transition）をするようなチューリングマシンのことである．非決定性遷移というのは，確率的遷移と同様に，二つの異なる状態に移ることであるが，確率的遷移と異なるのは，それぞれの遷移に確率が割り当てられないという点である．つまり，どちらの遷移も確率 1 で起こると考えるのである．イメージとしては，分岐に差し掛かると，「パラレルワールド」に分かれて，それぞれの世界で計算を進めていくようなものである（当然，このような遷移は現実世界では起こらないものなので，非決定性遷移というのは物理的な現象ではなく，理論的な架空の概念である）．

注意すべき点として，確率的チューリングマシンの場合は常にすべてのパスの長さを同じにできたが，後で見るように，非決定性チューリングマシンを考える場合，そのように分岐を付け加えてすべてのパスの長さを等しくすると結果が変わってしまうことがある．したがって，非決定性チューリングマシンを考える場合は，すべてのパスの長さが等しいと暗黙に仮定されていないことに注意しよう．

NP は，非決定性チューリングマシンを用いると，次のように定義される．

> **定義** ある言語 L が NP に入るとは，多項式時間非決定性チューリングマシンが存在して，
>
> 1. $x \in L$ のとき，受理する計算パスが存在する．
> 2. $x \notin L$ のとき，受理する計算パスが存在しない．
>
> を満たすことである．

つまり，NP は計算のステップで，次は A という状態に遷移するか B という状態に遷移するかという分岐に差し掛かると，自分が 2 人の分身に分裂し，1 人の分身は A に遷移し，もう 1 人の分身は B に遷移し，それぞれのパラレルワールドで計算をさらに続けるようなものである．分岐に差し掛かるたびに分身ができるので，計算を進めると次々に自分の分身ができていき，それぞれの分身が異なる計算を行うことになる．高々多項式回の分岐があるので，最終的には高々指数関数個の分身ができることになる．最後に，そのうちもし誰か 1 人でも受理すれば，「自分のパスは受理だった！」と大声を上げるとほかの人にそれが聞こえて，「ああ，そうか．じゃあ全体として受理ということにしよう」と決め，誰も声をあげなければ，「じゃあ全体としては受理ではないことにしよう」と決めるようなものである（図 6.2）．

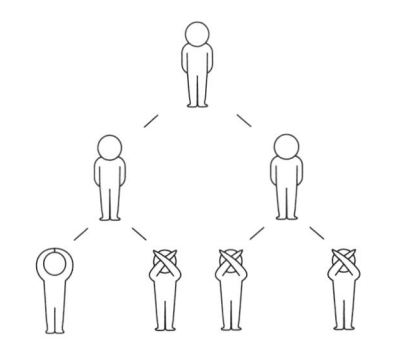
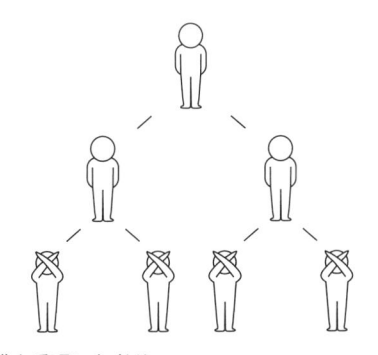

誰か 1 人が受理にたどり着く → 全体として受理する

誰も受理にたどり着かない → 全体として受理しない

図 6.2 非決定性チューリングマシンを用いた NP の定義

このように，どんどんパラレルワールドに分かれていって計算を並列で行う作業は，量子計算機を使えば量子的重ね合わせでシミュレートできるのではないかと思うかもしれない．実際，アダマールゲートを使えば，分身をつくって並列計算することはできるが，アダマールゲートの個数を h とすると，各パスの重みが $2^{-h/2}$ になってしまうので，最後に誰か 1 人でも受理したかというところの判定は，（指数関

数的に小さい確率を多項式時間で増幅できない限り）量子計算機でも多項式時間では不可能であるように見える（実際，量子計算機は多項式時間では NP 完全問題を解けないだろうと信じられており，その証拠も見つかっている[13]）．

　最後に，NP の非決定性チューリングマシンを用いた定義が確率的チューリングマシンを用いた定義と等価であることを示そう．まず，確率的チューリングマシンを用いた定義が成り立つと仮定しよう．すると，$x \in L$ のときは受理確率が > 0 なので，少なくとも一つ受理するパスが存在し，$x \notin L$ のときは受理確率が $= 0$ なので，受理するパスは存在しない．したがって，その確率的チューリングマシンを非決定性チューリングマシンだとみなせば，非決定性チューリングマシンを用いた定義も成り立つ．逆に，非決定性チューリングマシンを用いた定義が成り立つとしよう．すると，$x \in L$ のときは少なくとも一つ受理するパスが存在し，$x \notin L$ のときは受理するパスは存在しないので，その非決定性チューリングマシンを確率的チューリングマシンとみなすと，$x \in L$ のときは受理確率が > 0，$x \notin L$ のときは受理確率が $= 0$ となるので，つまり，確率的チューリングマシンを用いた定義も成り立つ．

　NP は，このように確率的チューリングマシンもしくは非決定性チューリングマシンを用いて定義されるが，実は検証が多項式時間決定的チューリングマシンで可能である問題のクラスとしても定義される．この定義については，第 8 章で説明する．

6.5　BQP, NQP

　それでは，いよいよ量子計算量クラスの定義に入ろう．BPP の定義において，多項式時間確率的チューリングマシンを多項式時間量子計算機に変えたものを BQP とよぶ．つまり，BPP の量子版である．直感的にいえば，BQP とは「量子計算機で簡単に解ける問題」のクラスである．BPP のときと同様，多項式回計算を繰り返してその結果の多数決をとれば，正しい解を得る確率を 1 に近づけることができる．

　ここで，「多項式時間量子計算機」といったが，具体的にはいろいろなモデルがある．たとえば，多項式時間量子チューリングマシンを考えてもよいが，「一様生成可能量子回路族」（uniformly-generated family of quantum circuits）というものを考える場合が多い．古典回路のときと同様，量子回路モデルの場合，入力のサイズに応じて異なる回路を考えることになる（チューリングマシンの場合は一つですべての入力に対応できる）．したがって，一つの回路ではなく，回路の族を考えるのである．このように回路の族を考える場合，入力が与えられると，その入力に適した回路を生成するわけだが，その回路生成用計算機が，生成される回路自身よりも強力なものだったとすると，全体として，生成される回路が解ける以上の問題が解

けてしまう（たとえば，入力 x に対し，もし $x \in L$ なら I ゲートを作用させ，もし $x \notin L$ なら X ゲートを作用させる，という 1 量子ビット量子回路を生成するようなものを考えると，任意の問題が解けてしまう）．これでは意味がないので，「回路生成に使う計算機に強力なものをもってくるというズルはなしですよ」という断り書きが「一様生成可能」という言葉である．量子計算の場合，その回路生成計算機としては，たとえば多項式時間決定的古典チューリングマシンもしくはそれよりも弱いものをとれば自然である．

　確率的古典計算は量子計算の特別な場合なので，$BPP \subseteq BQP$ である．また，経路積分を使えば $BQP \subseteq PSPACE$ であることが示せる．ここで，PSPACE とは，多項式サイズのメモリで解ける問題のクラスである．メモリが多項式サイズでなければならないとはいっているが，計算に要する時間については何の要請もしていないので，たとえば指数関数時間掛かってもよい（どれだけ時間を掛けてもよいなら，多項式サイズメモリの古典計算機で量子多体系の時間発展がシミュレートできるというのは，量子多体系の数値計算を行っている人にはよく知られた事実である）．

　まとめると，

$$P \subseteq BPP \subseteq BQP \subseteq PSPACE$$

という関係が成り立つ．したがって，「量子計算機は古典計算機より速いか？」という問いは，判定問題の意味では「$BPP \neq BQP$ か？」ということになる．意外にも，これはまだ解かれていない未解決問題である．量子計算は古典計算よりも速いだろうと皆信じているわけだが，判定問題の意味では実はまだ証明されていないのである．判定問題ではない場合や，多少設定を変えた場合は，量子計算が古典計算よりも「優れている」ことは数学的に証明されている（これについては第 10 章で詳しく述べる）．また，「$P \neq PSPACE$ か？」というのは古典計算量理論における重要な未解決問題の一つであるが，もし $BPP \neq BQP$ がいえると，$P \neq PSPACE$ がいえてしまうため，$BPP \neq BQP$ を示すのは簡単ではないだろうと考えられている．

　NP を同様に「量子化」したものは NQP とよばれている[6]．NQP は古典のクラスである $coC_=P$ と等価であることが知られている[27, 103]．$coC_=P$ とは，次のように定義される．まず，$C_=P$ というクラスを定義しよう．

定義　言語 L が $C_=P$ に入るとは，ある多項式時間非決定性チューリングマシンが存在して，

1. $x \in L$ のとき，受理パスの数と拒否パスの数が等しい．

> 2.　$x \notin L$ のとき，受理パスの数と拒否パスの数が異なる．
>
> を満たすことである．

そして，あるクラス C に対し，coC は次のようにして定義される．

$$\mathrm{coC} \equiv \{L \mid \bar{L} \in \mathrm{C}\}$$

ただし，$\bar{L}$ は L の補集合である．したがって，$\mathrm{coC_=P}$ の定義は次のようになる．

> **定義**　言語 L が $\mathrm{coC_=P}$ に入るとは，ある多項式時間非決定性チューリングマシンが存在して，
>
> 1.　$x \in L$ のとき，受理パスの数と拒否パスの数が異なる．
> 2.　$x \notin L$ のとき，受理パスの数と拒否パスの数が等しい．
>
> を満たすことである．

　NP は確率的チューリングマシンや非決定性チューリングマシンで定義できるだけでなく，検証が多項式時間で可能であるような問題のクラスとしても定義できると前節の最後で述べたが，そのような定義を「量子化」すると，QMA という NQP とは異なる計算量クラスになる（QMA については，第8章で詳しく説明する）．

6.6　SBP，SBQP

　最後に，多少マニアックなクラスである SBP と SBQP を紹介しよう．これらは計算機科学者の間でもそれほどメジャーなクラスではないように見えるが，第10章で説明するように，非ユニバーサル量子計算の研究においては重要な役割を果たすし，SBQP は QMA の現在のところ最良の上界としても知られているので，ここで紹介しておこう．

　SBP は，文献 [14] において導入された古典の計算量クラスである．また，SBP の量子版が SBQP である．SBQP は文献 [56] において導入された．まずは，古典のクラスである SBP を定義しよう．

> **定義**　言語 L が SBP に入るとは，ある多項式時間確率的チューリングマシンとある多項式 r が存在して，

1. $x \in L$ のとき，受理確率 $\geq 2^{-r}$
2. $x \notin L$ のとき，受理確率 $\leq 2^{-r-1}$

を満たすことである．

ここで，$(2^{-r}, 2^{-r-1})$ は $a - b \geq 1/poly$ を満たす任意の $0 \leq b < a \leq 1$ に対し，$(a2^{-r}, b2^{-r})$ に置き換えることができる．それは，次のようにして証明できる．

証明 いま，ある言語 L に対し，多項式時間確率的チューリングマシン M，$a - b \geq 1/poly$ を満たす $0 \leq b < a \leq 1$，そして多項式 r が存在して，

1. $x \in L$ のとき，受理確率 $\geq a2^{-r}$
2. $x \notin L$ のとき，受理確率 $\leq b2^{-r}$

が成り立つとしよう．L は SBP に入ることを，次のようにして示す．まず，ある多項式 q に対し，

$$a \geq b + \frac{1}{q} \geq \frac{1}{q}$$

なので，$a > 1/2^k$ を満たす多項式 $k \geq 0$ が存在する．

新しい多項式時間確率的チューリングマシン M' を次のように定義する．まず，M' は M をシミュレートする．そして，もし M が受理なら，M' は確率 $1/(a2^k)$ で受理する．それ以外のときは拒否する．

$x \in L$ のとき，M' の受理確率 p_{acc} は

$$p_{\mathrm{acc}} \geq \frac{a2^{-r}}{a2^k} = \frac{1}{2^{r+k}}$$

であり，$x \notin L$ のときは

$$p_{\mathrm{acc}} \leq \frac{b2^{-r}}{a2^k} = \frac{1}{2^{r+k}} \frac{a - (a-b)}{a} = \frac{1}{2^{r+k}}\left(1 - \frac{a-b}{a}\right) \leq \frac{1}{2^{r+k}}\left(1 - \frac{1}{q}\right)$$

である．回路 M' を q 回走らせ，すべて受理すれば受理としよう．すると，$x \in L$ のときは受理確率は

$$p_{\mathrm{acc}}^q \geq \frac{1}{2^{(r+k)q}}$$

であり，$x \notin L$ のときは

$$p_{\mathrm{acc}}^q \leq \frac{1}{2^{(r+k)q}}\left(1 - \frac{1}{q}\right)^q = \frac{1}{2^{(r+k)q}}\left[\left(1 + \frac{1}{q-1}\right)^q\right]^{-1} \leq \frac{1}{2^{(r+k)q}} \frac{1}{2}$$

となる. ただし, ここで

$$\left(1 + \frac{1}{q-1}\right)^q = \sum_{j=0}^{q} \binom{q}{j} \left(\frac{1}{q-1}\right)^j \geq 1 + \binom{q}{1} \frac{1}{q-1} = 1 + \frac{q}{q-1} \geq 2$$

を使った. □

　SBQP は, SBP の定義において, 多項式時間確率的チューリングマシンを多項式時間一様生成可能量子回路族に置き換えたものである.

第7章

状態の検証

　これまで，本書の前半部分では，量子計算の基礎について学んできた．ここから
は本書の後半に入り，いよいよ最先端の研究の話題に移る．意欲のある読者はぜひ
自分で原論文を読んだり，自分でさらに研究を進めたりして，新しい結果を生み出
してほしい．

　最初のテーマとして，この章では状態の検証について説明する．状態の検証とい
うのは，与えられた状態が正しい状態かどうかチェックするというものである．自
分で正しい状態をつくる能力がある場合は，状態の検証は（純粋状態の場合）非常
にトリビアルな問題である．実際，自分でつくった正しい状態と与えられた状態を
入力としてSWAPテストを行えばよいだけである．しかし，面白いことに，正し
い状態をつくるには十分な能力がなくても，状態が与えられさえすれば正しさだけ
はチェックできる場合がある．

　この章では，まず最初にグラフ状態の検証について説明する．1量子ビットパウ
リ演算子を測定する能力のみで，グラフ状態を検証できることを示す．つまり，量
子メモリや2量子ビット以上にわたる量子ゲートは必要なく，一つずつ飛んでくる
量子ビットをパウリ基底で測定するだけで，グラフ状態かどうかチェックできるの
である．次に，より一般の状態についても同様に1量子ビットパウリ測定のみで検
証できることを示し，例としてハイパーグラフ状態の検証に触れる．また，ハミル
トニアンの基底状態についても，1量子ビットパウリ測定のみで検証可能な場合があ
ることを示す．その後，ハミルトニアンの基底状態の検証の具体例として，Kitaev
の表面符号ハミルトニアンを考える．また，エネルギーギャップが指数関数的に減
少するようなハミルトニアンについては，この検証の方法は使えないことも見る．
最後に，状態の検証の応用として，セキュアクラウド量子計算での利用について述
べる．

7.1 グラフ状態の検証

　状態 ρ が与えられたとき，それがグラフ状態 $|G\rangle$ に近いかどうか，1 量子ビットパウリ測定のみで検証できるだろうか？ このようなグラフ状態の検証の問題は，さまざまな場面で重要である．

　たとえば，1 量子ビット測定しかできないアリスが量子計算を行いたいとしよう．アリスは量子メモリをもっていないし，2 量子ビット以上にまたがる量子ゲートも実現できないので，アリス一人ではユニバーサル量子計算を行うことは不可能である．困っていたアリスがふとポストを見ると，ポストに「量子計算サービス始めました」という広告チラシが入っていた．どうやら，最近できた Q-Wave（注：この話はフィクションです）という会社のチラシらしく，1 回の利用料金は 10 万円で，任意の量子状態を彼らの量子メモリ上で作成し，1 量子ビットずつ順番に送ってくれるというサービスらしい．測定型量子計算を使えば，グラフ状態の各量子ビットを一つずつ測定していくだけで任意の量子計算が実現できるので，アリスは Q-Wave にまずグラフ状態をつくってもらい，次にその量子ビットを一つずつ順番にアリスのもとに送ってもらうことにした．アリスは飛んできた量子ビットを一つずつ順番に測定すれば，量子メモリも 2 量子ビットゲートも必要なく，1 量子ビット測定だけで任意の量子計算が実現できるのである．

　しかし，一つ問題がある．Q-Wave は，本当に量子計算機をもっているのだろうか？（注：この話はフィクションです）Q-Wave は実はグラフ状態をつくるほどの能力はなく，何かまったく異なる役に立たない状態をつくって，アリスにグラフ状態だと偽って送ってくるかもしれない．アリスは 10 万円を無駄にしたくないので，Q-Wave が正しいグラフ状態を送ってきているかどうか検証したいであろう．そのようなことは可能なのだろうか？

　たとえば，もし仮にアリスが自分でグラフ状態をつくることができる能力があるならば，自分でグラフ状態をつくり，それと Q-Wave が送ってきた状態を入力として SWAP テストを行えばよい．もしくは，Q-Wave が送ってきた状態に CZ ゲートを作用させ，X 基底で測定して，すべて 0 を返すか確認すればよい．しかし，アリスが自分でグラフ状態をつくれるのであれば，そもそも Q-Wave に依頼する必要はないはずなので，この仮定は不自然である．

　あるいは，アリスが

$$\Lambda(g_i) \equiv |0\rangle\langle 0| \otimes I + |1\rangle\langle 1| \otimes g_i$$

という 2 量子ビット以上にまたがる量子ゲートを実現できるなら，Q-Wave の状態

の正しさを次のようにして検証できる（g_i は頂点 i に対応するグラフ状態のスタビライザー演算子である）．実際，Q-Wave が送ってきた n 量子ビット状態を $|\psi\rangle$ としよう．これにアンシラ状態 $|+\rangle$ をくっつけて $|+\rangle \otimes |\psi\rangle$ を用意する．これに，アンシラをコントロールとする $\Lambda(g_i)$ を作用させて，さらにアンシラを X 基底で測定する．もし，測定結果が $|+\rangle$ であるなら，測定されなかった部分は規格化因子を別として，

$$\frac{I^{\otimes n} + g_i}{2} |\psi\rangle \tag{7.1}$$

となる．もし $|\psi\rangle$ が正しいグラフ状態であるなら，式 (7.1) は $|\psi\rangle$ に等しい．このテストをすべての $i = 1, 2, \ldots, n$ に対し行い，常に $|+\rangle$ が出たら，残された状態は正しいグラフ状態であることがわかる．しかし，この方法では，アリスは 2 量子ビット以上にまたがる量子ゲートを行う能力が必要であるし，Q-Wave から送られてきた n 量子ビット状態を保存しておくための量子メモリも必要となる．量子メモリがあり，さらに 2 量子ビット以上にまたがる量子ゲートが可能であるなら，そもそも自分で量子計算ができるはずである．

文献 [39, 69] において，1 量子ビットパウリ測定のみでグラフ状態の検証を行うプロトコルが提案された．以下では，そのプロトコルについて説明しよう．

あるグラフ $G = (V, E)$ 上のグラフ状態 $|G\rangle$ を考えよう．ただし，$|V| = n$ とする．与えられた n 量子ビット状態 ρ が $|G\rangle$ に近いかチェックしたい．アリスは，まずランダムに n ビット列 $k \equiv (k_1, k_2, \ldots, k_n) \in \{0, 1\}^n$ を選び，

$$s_k \equiv \prod_{i=1}^{n} g_i^{k_i}$$

という演算子を測定する．ここで，

$$g_i \equiv X_i \prod_{j \in N_i} Z_j$$

はグラフ状態 $|G\rangle$ のスタビライザーである（N_i は頂点 i と辺でつながった頂点の集合である）．各 g_i は X と Z のテンソル積なので，s_k は n 量子ビットパウリ演算子である．

$$s_k = i^{\alpha} \bigotimes_{j=1}^{n} \sigma_j$$

ここで，$\alpha \in \{0, 1, 2, 3\}$, $\sigma_j \in \{I, X, Y, Z\}$ である．さらに，各 g_i はエルミート演

算子であり，たがいに交換するので，s_k もエルミート演算子である．

$$s_k^\dagger = \left(\prod_{i=1}^{n} g_i^{k_i}\right)^\dagger = \prod_{i=n}^{1}(g_i^{k_i})^\dagger = \prod_{i=n}^{1} g_i^{k_i} = \prod_{i=1}^{n} g_i^{k_i} = s_k$$

したがって，α は 0 か 2 のみをとる．アリスは，サイト j を σ_j で測定する．その結果を $m_j \in \{0,1\}$ としよう．このようなアリスの測定をスタビライザーテストとよぶ．もし

$$\prod_{j=1}^{n} m_j = i^\alpha$$

なら，アリスはスタビライザーテストにパスしたということにする．

簡単に確かめられるように，

$$|G\rangle\langle G| = \prod_{i=1}^{n} \frac{I + g_i}{2} = \frac{1}{2^n} \sum_{k\in\{0,1\}^n} \prod_{i=1}^{n} g_i^{k_i} = \frac{1}{2^n} \sum_{k\in\{0,1\}^n} s_k$$

である．したがって，テストにパスする確率を p_{test} とすると，

$$p_{\text{test}} = \frac{1}{2^n} \sum_{k\in\{0,1\}^n} \text{Tr}\left(\rho\frac{I + s_k}{2}\right) = \frac{1}{2} + \frac{1}{2}\langle G|\rho|G\rangle$$

である．よって，ある $\epsilon \geq 0$ に対し，もし $p_{\text{test}} \geq 1 - \epsilon$ のときは，

$$\langle G|\rho|G\rangle \geq 1 - 2\epsilon$$

となる．つまり，テストにパスする確率が高ければ，状態はグラフ状態に近いのである．Fuchs–van de Graaf の不等式より，

$$\frac{1}{2}\|\rho - |G\rangle\langle G|\|_1 \leq \sqrt{1 - \langle G|\rho|G\rangle}$$

なので，$p_{\text{test}} \geq 1 - \epsilon$ は

$$\frac{1}{2}\|\rho - |G\rangle\langle G|\|_1 \leq \sqrt{2\epsilon}$$

も意味する．L1 距離の性質より，任意の POVM 要素 M に対し，

$$|\text{Tr}(M\rho) - \langle G|M|G\rangle| \leq \frac{1}{2}\|\rho - |G\rangle\langle G|\|_1 \leq \sqrt{2\epsilon}$$

が成り立つ. とくに, M として, 測定型量子計算に対応する POVM 要素をとると, ρ 上で行う測定型量子計算の結果は, $|G\rangle$ 上で行ったそれと高々 $\sqrt{2\epsilon}$ しか違わないということがいえる.

以上のように, 1 量子ビットを順番にパウリ測定するだけで, 状態がグラフ状態に近いかどうか判定することが可能である. しかし, この方法だとテストのために行う測定は状態を破壊してしまうため, テスト終了後, テスト前の状態 ρ はグラフ状態に近かったということはわかるが, テスト後の状態はもはや壊れており, そのテスト後の状態を使って正しい測定型量子計算を行うことはできない. 第 8 章において, グラフ状態の検証を量子対話型証明系に応用するが, そのような場合には, 検証者はテストをするか計算をするかを確率的に選択すればよいので, このような破壊的テストでも問題ない. しかし, 上記の Q-Wave の例のように, アリスが検証後実際に信頼できる状態を用いて測定型量子計算を行いたい場合には, これでは不十分である.

そこで, 次のようなプロトコルを考えよう[39, 72]. Q-Wave は状態 Ψ を送ってくる. これは, $k+m+1$ 個の n 量子ビットレジスターからなる状態である. ただし, $k \geq 4n^2 - 1$ かつ $m \geq 2k^2n^5 \ln 2$ である. もし Q-Wave が正直であるなら, 各レジスターの状態は n 量子ビットグラフ状態 $|G\rangle$ である. 一方, もし Q-Wave が正直でない場合は, Ψ は任意のエンタングルした $(k+m+1)n$ 量子ビット状態である. アリスはまず, ランダムに選んだ m 個のレジスターを捨てる. 次に, ランダムに 1 個のレジスターを選び, それは計算に使う. 最後に, 残された k 個のレジスターについては, アリスは各レジスターに対して上記のスタビライザーテストを行う. もし, すべてのスタビライザーテストにパスしたとき, アリスは受理したということにしよう[†].

このとき, 次の二つの結果を示すことができる.

1. completeness: もし Ψ の各レジスターの状態が $|G\rangle$ であるなら, アリスは確率 1 で受理する.

2. soundness: もしアリスが受理すれば, 計算に使う状態 ρ_{comp} は確率 $1 - 1/n$ 以上で

$$\langle G | \rho_{\mathrm{comp}} | G \rangle \geq 1 - \frac{1}{n}$$

[†] このようなことをするには, アリスはまずすべての状態を保持して, それらを置換しないといけないので, 量子メモリが必要なように見えるかもしれないが, 実はそうではない. 1 量子ビットずつ順番に送ってもらい, レジスターごとに, ランダムに捨てるか計算に使うかテストに使うかを決めて動作を行えばよいのである.

を満たす.

1. の証明は簡単である. 実際, Ψ の各レジスターが $|G\rangle$ であるなら, スタビライザーテストにパスする確率は 1 なので, アリスが受理する確率も 1 である.

2. は次のように証明できる. まず, 任意の n 量子ビット状態 ρ に対し,

$$\mathrm{Tr}[(T^{\otimes k} \otimes \Pi_G^{\perp})\rho^{\otimes k+1}] \leq \frac{1}{2n^2}$$

が証明できる. ただし, T はスタビライザーテストにパスすることに対応する POVM 要素であり,

$$\Pi_G^{\perp} \equiv I^{\otimes n} - |G\rangle\langle G|$$

である. 実際,

$$\mathrm{Tr}(T\rho) = p_{\mathrm{test}} = \frac{1}{2} + \frac{1}{2}\langle G|\rho|G\rangle$$

なので

$$\mathrm{Tr}(\Pi_G^{\perp}\rho) = 1 - \langle G|\rho|G\rangle = 2[1 - \mathrm{Tr}(T\rho)]$$

となる. よって,

$$\mathrm{Tr}[(T^{\otimes k} \otimes \Pi_G^{\perp})\rho^{\otimes k+1}] = \mathrm{Tr}(T\rho)^k \mathrm{Tr}(\Pi_G^{\perp}\rho) = 2\,\mathrm{Tr}(T\rho)^k[1 - \mathrm{Tr}(T\rho)]$$

であり, これは $\mathrm{Tr}(T\rho) = k/(k+1)$ のとき, 最大値

$$2\left(\frac{k}{k+1}\right)^k\left(1 - \frac{k}{k+1}\right) \leq \frac{2}{k+1} \leq \frac{1}{2n^2}$$

をとる. 1 方向 LOCC ノルムでの quantum de Finetti 定理[59]より, トレースアウトしないで残された $k+1$ 個のレジスターの状態を Ψ' とすると,

$$\mathrm{Tr}[(T^{\otimes k} \otimes \Pi_G^{\perp})\Psi'] \leq \int d\mu(\rho)\,\mathrm{Tr}[(T^{\otimes k} \otimes \Pi_G^{\perp})\rho^{\otimes k+1}] + \frac{1}{2}\sqrt{\frac{2k^2 n \ln 2}{m}}$$

$$\leq \frac{1}{2n^2} + \frac{1}{2n^2} = \frac{1}{n^2}$$

が成り立つ. 簡単に確かめられるように

$$\mathrm{Tr}[(T^{\otimes k} \otimes \Pi_G^{\perp})\Psi'] = \mathrm{Tr}(\Pi_G^{\perp}\rho_{\mathrm{comp}})\,\mathrm{Tr}(T^{\otimes k}\Psi')$$

なので，もし $\mathrm{Tr}(\Pi_G^\perp \rho_{\mathrm{comp}}) > 1/n$ であるなら，$\mathrm{Tr}(T^{\otimes k}\Psi') < 1/n$ である．つまり，もしアリスが受理すれば，確率 $1 - 1/n$ 以上で $\langle G|\rho_{\mathrm{comp}}|G\rangle \geq 1 - 1/n$ である．以上により，soundness も証明できた．

7.2　一般の状態の検証

ハイパーグラフ状態も，グラフ状態と同様に，1 量子ビットのパウリ測定のみで検証できる[72]．この節では，直接ハイパーグラフ状態について証明するのではなく，ハイパーグラフ状態を含む一般の状態の検証について説明する．ハイパーグラフ状態については次節で述べる．

n 量子ビットユニタリ演算子 U が後で述べるある性質を満たすとしよう．このとき，状態 $|\psi\rangle \equiv U|0^n\rangle$ は 1 量子ビットパウリ演算子の測定のみで検証することが可能である．まず，各 $i = 1, 2, \ldots, n$ に対し，演算子

$$g_i \equiv U Z_i U^\dagger$$

を定義する．ただし，Z_i は i 番目の量子ビットに作用するパウリの Z 演算子である．すると，演算子 g_i に対し，

1. $g_i^2 = I^{\otimes n}$
2. $[g_i, g_j] = 0$
3. $g_i|\psi\rangle = |\psi\rangle$
4. $|\psi\rangle\langle\psi| = \prod_{i=1}^n [(I^{\otimes n} + g_i)/2]$

が成り立つことが簡単に示せる．これらの関係式は，グラフ状態のスタビライザー演算子のようであることから，$\{g_i\}_{i=1}^n$ はある意味グラフ状態のスタビライザー演算子の一般化となっているといえる．

各 g_i はエルミート演算子なので，実係数 c_j^i を用いて

$$g_i = \sum_j c_j^i \sigma_j$$

と書くことができる．ここで，σ_j は n 個のパウリ演算子（I, X, Y, Z）のテンソル積である．U の条件として，$\{c_j^i\}$ は次の性質を満たすと仮定しよう．

1. すべての $i = 1, 2, \ldots, n$ に対し，確率分布 $\{|c_j^i|/R_i\}_j$ は多項式時間でサンプル可能．ただし，$R_i \equiv \sum_j |c_j^i|$ である．

2. $R \equiv \max_{i=1,2,\dots,n}(R_i) = O(poly(n))$

このとき，$|\psi\rangle$ は 1 量子ビットパウリ測定のみで検証可能である.

まず，「n 量子ビット状態 ρ に対する g_i のスタビライザーテスト」というものを次のようにして定義する.

1. 確率 $|c_j^i|/R_i$ で j を選ぶ.
2. ρ において σ_j を測定する. つまり，ρ の各量子ビットを σ_j で指定されたパウリ演算子で測定する. 各測定結果を $m_k \in \{+1,\ -1\}$ $(k = 1, 2, \dots, n)$ とするとき，

$$\prod_{k=1}^{n} m_k = \mathrm{sign}(c_j^i)$$

であるならば，「ρ における g_i のスタビライザーテストにパスした」ということにする. ただし，$\mathrm{sign}(c_j^i)$ は c_j^i の符号である.

すると，ρ における g_i のスタビライザーテストにパスする確率は

$$p_{\text{test},i} \equiv \sum_j \frac{|c_j^i|}{R_i} \mathrm{Tr}\left(\rho \frac{I^{\otimes n} + \mathrm{sign}(c_j^i)\sigma_j}{2}\right) = \frac{1}{2} + \frac{\mathrm{Tr}(\rho g_i)}{2R_i}$$

となる.

検証は，次のようにして行うことができる. Q-Wave は，$n(nk+1+m)$ 量子ビット状態 Ψ をアリスに送る. ただし，$k \geq 8n^7 R^2$ かつ $m \geq 2n^7 k^2 \ln 2$ である. 状態 Ψ は $nk+1+m$ 個のレジスターからなる. 各レジスターは n 量子ビットを格納できる. もし Q-Wave が正直な場合，各レジスターの状態は正しい状態 $|\psi\rangle = U|0^n\rangle$ である. もし，Q-Wave が正直でない場合，Ψ は任意の状態である. アリスは次のプロトコルに従って行動する（図 7.1）.

1. アリスはランダムに m 個のレジスターを選んで捨てる. 捨てずに残った状態を Ψ' とする.
2. Ψ' は $nk+1$ 個のレジスターからなるが，アリスは 1 個のレジスターをランダムに選び，それは計算に使う.
3. 残りの nk 個のレジスターは n 個のグループにランダムに分ける. 各グループは k 個のレジスターをもっている. i 番目のグループの各レジスターに対し，g_i のスタビライザーテストを行う.
4. g_i のスタビライザーテストにパスした回数を K_i としよう. もし，

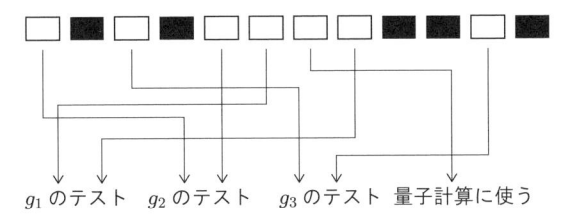

g_1 のテスト　g_2 のテスト　g_3 のテスト　量子計算に使う

図 7.1 $n = 3$, $k = 2$, $m = 5$ **の場合. 一つの箱が** n **量子ビットからなるレジスターを表す. 黒い箱は捨てられるレジスター.**

$$\frac{K_i}{k} \geq \frac{1}{2} + \frac{1 - \epsilon}{2R_i}$$

なら, i 番目のグループはテストにパスしたということにする. ただし $\epsilon = 1/2n^3$ である. すべてのグループがテストにパスすれば, アリスは受理したということにしよう.

　前節で説明したグラフ状態の検証のときと同様, 上記のプロトコルにおいても, アリスは量子メモリを必要としない. つまり, もし送られてきたすべての状態をまず保持し, その各レジスターをランダムに置換して計算に使うかテストに使うか捨てるかを選ぶような動作をすると量子メモリが必要となってしまうが, そのようにせず, 一つずつ送られてくる量子ビットに対し, レジスターごとに計算に使うか, テストに使うか, 捨てるかをランダムに決めて, それに従って行動をすればよいのである.

　このとき, 次の二つの結果を示すことができる.

1. completeness: もし Ψ の各レジスターの状態が $|\psi\rangle$ なら, アリスが受理する確率は $1 - ne^{-n}$ 以上である.

2. soundness: もしアリスが受理すれば, 計算に使うレジスターの状態 ρ_{comp} は確率 $1 - 1/n$ 以上で

$$\langle \psi | \rho_{\mathrm{comp}} | \psi \rangle \geq 1 - \frac{1}{n}$$

を満たす.

　まず, 1. を証明しよう. もし Ψ の各レジスターの状態が $|\psi\rangle$ ならば,

$$p_{\mathrm{test}, i} = \frac{1}{2} + \frac{1}{2R_i}$$

である. union bound と Hoeffding 不等式より,

$$\Pr[\text{アリスが受理}] = \Pr\left[\bigwedge_{i=1}^{n}\left(\frac{K_i}{k} \geq \frac{1}{2} + \frac{1-\epsilon}{2R_i}\right)\right]$$

$$\geq 1 - \sum_{i=1}^{n}\Pr\left[\frac{K_i}{k} < \frac{1}{2} + \frac{1-\epsilon}{2R_i}\right]$$

$$= 1 - \sum_{i=1}^{n}\Pr\left[\frac{K_i}{k} < p_{\text{test},i} - \frac{\epsilon}{2R_i}\right]$$

$$\geq 1 - \sum_{i=1}^{n} e^{-2(\epsilon^2/4R_i^2)k}$$

$$\geq 1 - n e^{-2(\epsilon^2/4R_i^2)k} \geq 1 - n e^{-n}$$

が成り立つ.

次に，2. を証明しよう．射影演算子

$$\Pi_\psi^\perp \equiv I^{\otimes n} - |\psi\rangle\langle\psi|$$

を定義する．T をアリスが受理したことに対応する POVM 要素としよう．すると，任意の n 量子ビット状態 ρ に対し，

$$\operatorname{Tr}\left[(T \otimes \Pi_\psi^\perp)\rho^{\otimes nk+1}\right] \leq \frac{1}{2n^2} \tag{7.2}$$

が成り立つことが証明できる（証明は後で行う）．すると，一方向 LOCC ノルムの quantum de Finetti 定理[59] より，

$$\operatorname{Tr}\left[(T \otimes \Pi_\psi^\perp)\Psi'\right] \leq \operatorname{Tr}\left[(T \otimes \Pi_\psi^\perp)\int d\mu(\rho)\rho^{\otimes nk+1}\right] + \frac{1}{2}\sqrt{\frac{2n^2k^2n\ln 2}{m}}$$

$$\leq \frac{1}{2n^2} + \frac{1}{2}\sqrt{\frac{2n^3k^2\ln 2}{2n^7k^2\ln 2}} = \frac{1}{n^2}$$

となる．簡単に示せるように

$$\operatorname{Tr}[(T \otimes \Pi_\psi^\perp)\Psi'] = \operatorname{Tr}(\Pi_\psi^\perp \rho_{\text{comp}})\operatorname{Tr}[(T \otimes I)\Psi']$$

が成り立つので，もし $\operatorname{Tr}(\Pi_\psi^\perp \rho_{\text{comp}}) > 1/n$ ならば

$$\operatorname{Tr}[(T \otimes I)\Psi'] < \frac{1}{n}$$

が成り立つ．したがって，もしアリスが受理すれば，確率 $1 - 1/n$ 以上で

$$\langle\psi|\rho_{\mathrm{comp}}|\psi\rangle \geq 1 - \frac{1}{n}$$

が成り立つ.

最後に, 式 (7.2) を証明しよう. まず, すべての $i = 1, 2, \ldots, n$ に対して $\mathrm{Tr}(\rho g_i) \geq 1 - \delta$ が成り立つとしよう. ただし, $\delta = 1/n^3$ である. すると, union bound より

$$1 - \langle\psi|\rho|\psi\rangle = 1 - \mathrm{Tr}\left(\prod_{i=1}^{n} \frac{I^{\otimes n} + g_i}{2}\rho\right)$$

$$\leq \sum_{i=1}^{n}\left[1 - \mathrm{Tr}\left(\rho\frac{I^{\otimes n} + g_i}{2}\right)\right] \leq \frac{n\delta}{2}$$

となるので,

$$\mathrm{Tr}\left[(T \otimes \Pi_\psi^\perp)\rho^{\otimes nk+1}\right] = \mathrm{Tr}(T\rho^{\otimes nk})\,\mathrm{Tr}(\Pi_\psi^\perp\rho) \leq 1 \times \frac{n\delta}{2} = \frac{1}{2n^2} \tag{7.3}$$

を得る. 次に, 少なくとも一つの i に対して $\mathrm{Tr}(\rho g_i) < 1 - \delta$ が成り立つとしよう. このとき, その i に対しては

$$p_{\mathrm{test},i} = \frac{1}{2} + \frac{\mathrm{Tr}(\rho g_i)}{2R_i} < \frac{1}{2} + \frac{1 - \delta}{2R_i}$$

となるので, Hoeffding 不等式より

$$\mathrm{Tr}[(T \otimes I)\rho^{\otimes nk+1}] \leq \Pr[\text{グループ } i \text{ がテストにパス}]$$

$$= \Pr\left[\frac{K_i}{k} \geq \frac{1}{2} + \frac{1 - \epsilon}{2R_i}\right]$$

$$= \Pr\left[\frac{K_i}{k} \geq \frac{1}{2} + \frac{1 - \delta}{2R_i} + \frac{\delta - \epsilon}{2R_i}\right]$$

$$\leq \Pr\left[\frac{K_i}{k} > p_{\mathrm{test},i} + \frac{\delta - \epsilon}{2R_i}\right]$$

$$\leq e^{-2[(\delta-\epsilon)^2/4R_i^2]k} \leq e^{-n}$$

となる. よって,

$$\mathrm{Tr}[(T \otimes \Pi_\psi^\perp)\rho^{\otimes nk+1}] = \mathrm{Tr}(T\rho^{\otimes nk})\,\mathrm{Tr}(\Pi_\psi^\perp\rho) \leq e^{-n} \times 1 \tag{7.4}$$

を得る. したがって, 式 (7.3), (7.4) より, 任意の ρ に対し,

$$\mathrm{Tr}[(T \otimes \Pi_\psi^\perp)\rho^{\otimes nk+1}] \leq \max\left(\frac{1}{2n^2}, e^{-n}\right) = \frac{1}{2n^2}$$

が成り立つ.

7.3 例：ハイパーグラフ状態の検証

一般の状態の検証の具体例として，ハイパーグラフ状態の検証を考えよう[72]．ハイパーグラフ状態の場合，前節の U として

$$U = \left(\prod_{e \in E} CZ_e\right) H^{\otimes n}$$

とおけばよい．ただし，CZ_e はハイパー辺 e に作用する一般化 CZ ゲートである．簡単のため，CZ と CCZ のみを使ったハイパーグラフ状態を考えよう．すると，

$$CZ_{j,k} = \frac{1}{2}(I_j \otimes I_k + I_j \otimes Z_k + Z_j \otimes I_k - Z_j \otimes Z_k)$$

なので，

$$
\begin{aligned}
g_i &= X_i \left(\prod_{j \in W_i^Z} Z_j\right) \left(\prod_{e \in W_i^{CZ}} CZ_e\right) \\
&= X_i \left(\prod_{j \in W_i^Z} Z_j\right) \left(\frac{1}{2^r} \sum_{t \in \{1,2,3,4\}^r} \prod_{(j,k) \in W_i^{CZ}} \sigma_{j,k}(t_{j,k})\right) \\
&= \frac{1}{2^r} \sum_{t \in \{1,2,3,4\}^r} s_t
\end{aligned}
$$

と書ける．ただし，

$$W_i^Z \equiv \{j \in V \mid (i,j) \in E\}, \qquad W_i^{CZ} \equiv \{(j,k) \in V \times V \mid (i,j,k) \in E\}$$

$$r \equiv |W_i^{CZ}|, \qquad t \equiv \{t_{j,k}\}_{(j,k) \in W_i^{CZ}}$$

$$\sigma_{j,k}(1) \equiv I_j \otimes I_k, \qquad \sigma_{j,k}(2) \equiv I_j \otimes Z_k$$

$$\sigma_{j,k}(3) \equiv Z_j \otimes I_k, \qquad \sigma_{j,k}(4) \equiv -Z_j \otimes Z_k$$

$$s_t \equiv X_i \left(\prod_{j \in W_i^Z} Z_j\right) \left(\prod_{(j,k) \in W_i^{CZ}} \sigma_{j,k}(t_{j,k})\right)$$

である．ビット $\alpha_t \in \{0,1\}$ と部分集合 $D_t \subseteq V$ を

$$s_t = (-1)^{\alpha_t} X_i \left(\prod_{j \in D_t} Z_j \right)$$

として定義しよう. 簡単にわかるように, α_t と D_t は多項式時間で計算できる. 実際, まず α_t については, 最初に $\alpha_t = 0$ とし, その後は各 $(j,k) \in W_i^{CZ}$ について, もし $t_{j,k} = 4$ であるなら α_t を反転させればよい.

$$|W_i^{CZ}| \le \binom{n-1}{2} = O(n^2)$$

なので, 全体で多項式時間で計算可能である. また, D_t については, 最初に $D_t = W_i^Z$ としておき, 各 $(j,k) \in W_i^{CZ}$ に対して, D_t を $t_{j,k}$ に従ってアップデートしていけばよい. $|W_i^{CZ}| \le O(n^2)$ なので, これも多項式時間で終了する. さらに, $r = \mathrm{const.}$ であれば条件を満たす. $r = poly$ の場合にも拡張できることが最近示された[89].

7.4 基底状態の検証

ここまで, 一般の状態の検証方法を説明してきた. 同様の方法で, 与えられた状態があるハミルトニアンの基底状態かどうかを検証することも可能である.

ある n 量子ビットハミルトニアン H を考えよう. この基底エネルギーを E_0, 第一励起エネルギーを E_1 とするとき, H を

$$H' \equiv \frac{H - E_0 I^{\otimes n}}{E_1 - E_0}$$

のようにスケール変換したハミルトニアン H' を考える. このハミルトニアン H' は, 基底エネルギーが 0 で, 第一励起エネルギーが 1 になっている. ハミルトニアン H' を

$$H' \equiv \sum_{i=0}^{h} c_i \sigma_i$$

とパウリ基底で書く. ただし, σ_i はパウリ演算子 (I, X, Y, Z) の n 個のテンソル積であり, $\sigma_0 \equiv I^{\otimes n}$ とする. ハミルトニアンはエルミートなので, すべての c_i は実数である. また, H' の基底エネルギーは 0 なので, 任意の状態に対して H' のエネルギーの平均値は非負である. とくに, 完全混合状態 $I^{\otimes n}/2^n$ に対してもそうなので,

$$0 \le \mathrm{Tr}\left(H' \frac{I^{\otimes n}}{2^n} \right) = \sum_{i=1}^{h} c_i \frac{\mathrm{Tr}(\sigma_i)}{2^n} + c_0 \frac{\mathrm{Tr}(I^{\otimes n})}{2^n} = c_0$$

である. つまり, $c_0 \geq 0$ である.

ここで, $\{c_i\}_i$ は次の性質を満たすと仮定しよう.

1. 確率分布 $\{|c_i|/R\}_{i=0}^h$ は多項式時間でサンプル可能. ただし, $R \equiv \sum_{i=0}^h |c_i|$ である.

2. $R = O(poly(n))$

さらに, n 量子ビット状態 ρ に対するスタビライザーテストを次のように定義する.

1. 確率 $|c_i|/R$ で $i = 0, 1, 2, \ldots, h$ を発生させる.

2. もし $i = 0$ が出た場合は, 受理し終了する.

3. もし $i \geq 1$ が出た場合は, ρ において σ_i を測定する. つまり, ρ の各量子ビットを σ_i で指定されたパウリ演算子で測定する. 各測定結果を $m_k \in \{+1, -1\}$ $(k = 1, 2, \ldots, n)$ とするとき,

$$\prod_{k=1}^n m_k = \mathrm{sign}(c_i)$$

であるならば, 受理して終了する. それ以外の場合は受理しないで終了する.

4. もし受理して終了したならば,「ρ に対するスタビライザーテストにパスした」ということにする.

すると, ρ に対するスタビライザーテストにパスする確率は

$$
\begin{aligned}
p_{\text{test}} &\equiv \sum_{i=1}^h \frac{|c_i|}{R} \mathrm{Tr}\left(\rho \frac{I^{\otimes n} + \mathrm{sign}(c_i)\sigma_i}{2}\right) + \frac{|c_0|}{R} \\
&= \sum_{i=1}^h \frac{|c_i|}{R} \mathrm{Tr}\left(\rho \frac{I^{\otimes n} + \mathrm{sign}(c_i)\sigma_i}{2}\right) + \frac{|c_0|}{R} \mathrm{Tr}\left(\rho \frac{I^{\otimes n} + \mathrm{sign}(c_0)I^{\otimes n}}{2}\right) \\
&= \frac{1}{2} + \frac{\mathrm{Tr}(\rho H')}{2R}
\end{aligned}
$$

となる.

次のようなプロトコルを考えよう. Q-Wave は状態 Ψ を送ってくる. これは, $k + m + 1$ 個の n 量子ビットレジスターからなる状態である. ただし, $k \geq 32R^2 n^5$ かつ $m \geq 2k^2 n^5 \ln 2$ である. もし Q-Wave が正直であるなら, 各レジスターの状態は H の基底エネルギーの固有空間の中の状態である. 一方, もし Q-Wave が正直でない場合は, Ψ は任意のエンタングルした $(k + m + 1)n$ 量子ビット状態である. アリスは, ランダムに1個のレジスターを選び, それは本来の目的に使う. ま

た，ランダムに m 個のレジスターを選び，それらは捨てる．残りの k 個のレジスターについては，各レジスターに対して上記のスタビライザーテストを行う．スタビライザーテストにパスした回数を k_{pass} とする．もし

$$\frac{k_{\text{pass}}}{k} \leq \frac{1}{2} + \frac{\epsilon}{2R}$$

が成り立つなら，アリスは受理したということにする．ただし，$\epsilon = 1/4n^2$ である．

このとき，次の二つの結果を示すことができる．

1. completeness: もし Ψ の各レジスターの状態が H の基底エネルギーの固有空間の中の状態であるなら，アリスが受理する確率は $1 - e^{-n}$ 以上である．
2. soundness: もしアリスが受理すれば，残しておいた一つのレジスターの状態 ρ_{comp} は，確率 $1 - 1/n$ 以上で

$$\mathrm{Tr}(\Pi \rho_{\text{comp}}) \geq 1 - \frac{1}{n}$$

を満たす．ただし，Π は H の基底エネルギー固有空間への射影子である．

まず 1. を証明しよう．もし，各レジスターの状態が H の基底空間内のある状態 ρ なら，

$$p_{\text{test}} = \frac{1}{2} + \frac{\mathrm{Tr}(\rho H')}{2R} = \frac{1}{2}$$

なので，

$$\Pr[\text{アリスが受理しない}] = \Pr\left[\frac{k_{\text{pass}}}{k} > \frac{1}{2} + \frac{\epsilon}{2R}\right]$$

$$= \Pr\left[\frac{k_{\text{pass}}}{k} > p_{\text{test}} + \frac{\epsilon}{2R}\right]$$

$$\leq e^{-2(\epsilon^2/4R^2)k} \leq e^{-n}$$

となる．

次に，2. を証明しよう．まず，任意の n 量子ビット状態 ρ に対し，

$$\mathrm{Tr}[(T \otimes \Pi^{\perp})\rho^{\otimes k+1}] \leq \frac{1}{2n^2} \tag{7.5}$$

が証明できる（証明は後で行う）．ただし，T はアリスが受理することに対応する POVM 要素であり，

$$\Pi^{\perp} \equiv I^{\otimes n} - \Pi$$

である．1 方向 LOCC ノルムでの quantum de Finetti 定理[59] より，トレースアウトしないで残された $k+1$ 個のレジスターの状態を Ψ' とすると，

$$\mathrm{Tr}[(T \otimes \Pi^{\perp})\Psi'] \leq \int d\mu(\rho)\, \mathrm{Tr}[(T \otimes \Pi^{\perp})\rho^{\otimes k+1}] + \frac{1}{2}\sqrt{\frac{2k^2 n \ln 2}{m}}$$

$$\leq \frac{1}{2n^2} + \frac{1}{2n^2} = \frac{1}{n^2}$$

が成り立つ．簡単に確かめられるように，

$$\mathrm{Tr}[(T \otimes \Pi^{\perp})\Psi'] = \mathrm{Tr}(\Pi^{\perp}\rho_{\mathrm{comp}})\, \mathrm{Tr}(T\Psi')$$

なので，もし $\mathrm{Tr}(\Pi^{\perp}\rho_{\mathrm{comp}}) > 1/n$ であるなら，$\mathrm{Tr}(T\Psi') < 1/n$ である．つまり，もしアリスが受理すれば確率 $1 - 1/n$ 以上で $\mathrm{Tr}(\Pi\rho_{\mathrm{comp}}) \geq 1 - 1/n$ である．

式 (7.5) を証明しよう．まず，$\mathrm{Tr}(\rho H') \leq \delta$ の場合を考える．ただし，$\delta = 1/2n^2$ である．このとき，H' の基底エネルギーではない固有値と固有状態を $\{|E_i'\rangle, E_i'\}_i$ とすると，

$$\mathrm{Tr}(\Pi^{\perp}\rho) = \sum_i \langle E_i'|\rho|E_i'\rangle \leq \sum_i E_i'\langle E_i'|\rho|E_i'\rangle = \mathrm{Tr}(\rho H') \leq \delta$$

となる．よって，

$$\mathrm{Tr}[(T \otimes \Pi^{\perp})\rho^{\otimes k+1}] = \mathrm{Tr}(T\rho^{\otimes k})\, \mathrm{Tr}(\Pi^{\perp}\rho) \leq 1 \times \delta = \frac{1}{2n^2} \tag{7.6}$$

となる．次に，$\mathrm{Tr}(\rho H') > \delta$ の場合を考えよう．このとき，

$$p_{\mathrm{test}} = \frac{1}{2} + \frac{\mathrm{Tr}(\rho H')}{2R} > \frac{1}{2} + \frac{\delta}{2R}$$

なので

$$\mathrm{Tr}(T\rho^{\otimes k}) = \Pr\left[\frac{k_{\mathrm{pass}}}{k} \leq \frac{1}{2} + \frac{\epsilon}{2R}\right] = \Pr\left[\frac{k_{\mathrm{pass}}}{k} \leq \frac{1}{2} + \frac{\delta}{2R} + \frac{\epsilon - \delta}{2R}\right]$$

$$\leq \Pr\left[\frac{k_{\mathrm{pass}}}{k} < p_{\mathrm{pass}} - \frac{\delta - \epsilon}{2R}\right] \leq e^{-2[(\delta-\epsilon)^2/4R^2]k} \leq e^{-n}$$

となる．よって，

$$\mathrm{Tr}[(T \otimes \Pi^{\perp})\rho^{\otimes k+1}] = \mathrm{Tr}(T\rho^{\otimes k})\, \mathrm{Tr}(\Pi^{\perp}\rho) \leq e^{-n} \times 1 \tag{7.7}$$

である．したがって，式 (7.6), (7.7) より，任意の ρ に対し，

$$\mathrm{Tr}[(T \otimes \Pi^\perp)\rho^{\otimes k+1}] \leq \max\left(\frac{1}{2n^2}, e^{-n}\right) = \frac{1}{2n^2}$$

を得る．

7.5　例：表面符号ハミルトニアンの基底状態の検証

ハミルトニアンの基底状態の検証の具体例として，n 量子ビット表面符号ハミルトニアン[50]

$$H = -\sum_p A_p - \sum_s B_s$$

を考えよう．ただし，$A_p \equiv \bigotimes_{i \in p} X_i$ はプラケット p に作用する演算子，$B_s \equiv \bigotimes_{i \in s} Z_i$ はスター s に作用する演算子である（図 7.2）．

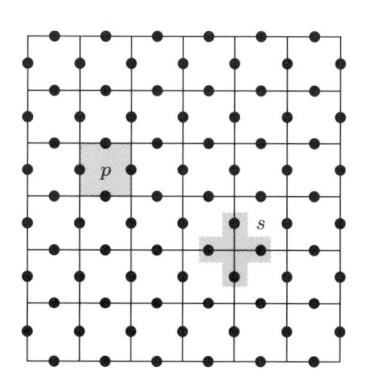

図 7.2　表面符号におけるプラケット p とスター s

プラケットの数とスターの数の合計を N とすると，$N = O(poly(n))$ であり，

$$E_0 = -N, \qquad E_1 - E_0 = 1$$

なので，

$$H' = -\sum_p A_p - \sum_s B_s + NI^{\otimes n}$$

がスケール変換したハミルトニアンである．したがって，

$$c_i = \begin{cases} N & (i=0) \\ -1 & (i \geq 1) \end{cases}$$

である. よって,

$$R = \sum_i |c_i| = N + N = 2N = O(poly(n))$$

である. また,

$$\frac{|c_i|}{R} = \begin{cases} 1/2 & (i=0) \\ 1/(2N) & (i \geq 1) \end{cases}$$

となるので, 確率分布 $\{|c_i|/R\}_i$ は簡単にサンプルできる. よって, 表面符号ハミル トニアンは条件を満たすので, 基底状態の検証は可能である.

よく知られているように, 表面符号ハミルトニアンの基底状態は, 系のトポロジー によって縮退度が異なる. たとえば, 図 7.3 のようなドーナッツ型の場合, 4 重縮退 しており, 2 ロジカル量子ビットをエンコードできる. ドーナッツ型の場合, 図 7.3 のように, 1 点に集約できない非自明なループは 2 本あるが, それぞれにそって Z を作用させたような演算子 Z_1^L, Z_2^L が二つのロジカル Z 演算子になっている. した がって, たとえばハミルトニアンとして, 代わりに

$$H = -\sum_p A_p - \sum_s B_s - Z_1^L - Z_2^L$$

というものを考えれば, ロジカル $|00\rangle$ 状態を検証することができる.

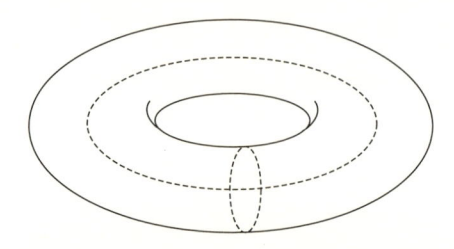

図 7.3 系のトポロジーがドーナッツ型の場合の非自明なループ

7.6 例：検証できないハミルトニアンの基底状態

前節のように基底状態が検証できるハミルトニアンがある一方で, そうではない ハミルトニアンもある. たとえば, エネルギーギャップが指数関数の逆数で減少す

るようなハミルトニアンの場合，7.4 節の方法では基底状態の検証はできない．この節では，その場合について説明しよう．

物理では，ハミルトニアン H を

$$H = \sum_{i=1}^{h} d_i \sigma_i$$

とパウリ基底で書いたとき，通常 h は $O(poly(n))$ であり，d_i は系のサイズ n によらない定数である．エネルギーギャップを $\Delta \equiv E_1 - E_0$ と書くと，

$$H' = \sum_{i=1}^{h} \frac{d_i}{\Delta} \sigma_i - \frac{E_0}{\Delta} I^{\otimes n}$$

となるので，

$$R = \sum_{i=1}^{h} \frac{|d_i|}{\Delta} + \frac{|E_0|}{\Delta}$$

である．もし $\Delta = 2^{-poly(n)}$ だと，

$$R = \frac{\sum_{i=1}^{h} |d_i| + |E_0|}{\Delta} \geq \frac{\sum_{i=1}^{h} |d_i|}{\Delta} = O(2^{poly(n)})$$

となるので，$R = O(poly(n))$ の条件を満たさない．したがって，7.4 節の方法が使えないのである．

7.7　セキュアクラウド量子計算への応用

この節では，これまで説明してきた状態の検証の応用例として，セキュアクラウド量子計算（secure cloud quantum computing）（もしくはブラインド量子計算（blind quantum computing））を紹介しよう（詳細については，文献 [53] も参照）．これは，量子暗号プロトコルの一つであり，量子計算機をもたないアリスが，量子計算機をもつボブに量子計算を依頼するが，計算内容（計算の入力，出力，プログラム）はボブに秘密にするというものである．量子計算機は巨大で高価なものなので，一家に一台というのはかなり先のことであり，近い未来においては，「クラウド的」に運用されるであろうと考えられる†．つまり，巨大な量子サーバーがセンターに設置され，専門家により管理される．一般の利用者は自宅の端末からそれにリモート

---

† 実際，現在（2017 年 9 月）IBM が試験的にクラウド量子計算サービスを行っている．

アクセスしてその量子サーバー上で量子計算を実行するのである．このようなクラウド量子計算において重要となるのが，利用者のプライバシーの保護である．利用者は，計算内容を秘密にしたままサーバー上で量子計算を実現することはできるのだろうか？

文献 [20] において，ほとんど古典の能力しかない利用者でも，セキュアなクラウド量子計算が可能であることが証明された．このプロトコルにおいては，アリスはランダムに回転した1量子ビットを生成する能力だけあればよく，量子メモリや量子ゲートを実現する能力は必要ない．さらに，古典暗号の場合，計算量的安全性に基づくものが多いが（たとえばGentryの完全準同型暗号[32]など），このプロトコルは情報理論的安全性を実現している．計算量的安全性というのは，暗号の安全性がある問題（たとえば素因数分解など）の難しさに基づいて証明されているような場合である．その問題が難しいことは数学的な証明があるわけではなく，単に難しいだろうと信じられているだけであるので，将来その問題を簡単に解くアルゴリズムが発見される可能性もあり，もしそうなってしまうともはやその暗号は安全ではなくなってしまう．一方で，情報理論的安全性は，そのような仮定をすることなく証明できる安全性である．文献 [20] のブラインド量子計算プロトコルの場合，ボブは（量子論に反しない限り）どんな攻撃をしてもアリスの計算内容（計算の入力，出力，プログラム）を知ることはできないことが証明されている．

このプロトコルは，著者である Broadbent, Fitzsimons, Kashefi の頭文字をとって BFK プロトコルとよばれている．BFK プロトコルの流れは，次のようなものである（詳細は文献 [20, 53] を参照）．アリスは，n 量子ビットグラフ状態 $|G\rangle$ 上で，測定角度 $\{\phi_j\}_{j=1}^n$ の測定型量子計算を行いたいとしよう．まずアリスは，ボブに

$$\bigotimes_{j=1}^{n}(e^{i\theta_j Z_j}|+\rangle)$$

という状態を送る．ただし，θ_j はそれぞれ $\{0, \pi/8, 2\pi/8, \ldots, 7\pi/8\}$ からランダムかつ独立に選んだ角度である．つまり，アリスはランダムに回転した1量子ビット状態をボブに送るだけでよいのである．ボブはそれらをグラフ G の頂点に並べ，辺に CZ ゲートを作用させる．CZ と $e^{i\theta_j Z_j}$ は交換するので，ボブがつくった状態は

$$\left(\prod_{e\in E} CZ_e\right)\bigotimes_{j=1}^{n}(e^{i\theta_j Z_j}|+\rangle) = \left(\bigotimes_{j=1}^{n} e^{i\theta_j Z_j}\right)|G\rangle$$

となる．つまり，グラフ状態の各量子ビットを回転させたものになっている．後はアリスはボブに測定角度を指示し，ボブはアリスに測定結果を返すという古典二方

向通信を繰り返して計算を遂行する. アリスは ϕ_j をそのまま送るのではなく,

$$\delta_j \equiv \phi_j' + \theta_j + r_j\pi$$

を送る. ただし, $r_j \in \{0,1\}$ はランダムなビットであり, ϕ_j' はボブの測定結果に応じて ϕ_j を適切に修正したものである(測定型量子計算においては, 測定は適応的に行われることを思い出そう. つまり, これまでの測定結果に応じて測定角度を多少修正しなければいけないのである). ボブは θ_j の値がわからないので, δ_j から ϕ_j を知ることができない. これにより, アリスの計算内容はボブには漏れないのである. また, ボブが自分の状態を δ_j の角度で測定すると, もともとの θ_j の回転とキャンセルして, 実質的に ϕ_j で測定することになり, アリスがもともと行いたかった測定型量子計算が正しく実現される. このようにして, アリスは計算内容を知られることなくボブに正しい量子計算を実現させることができるのである. ボブはアリスからもらった $e^{i\theta_j Z}|+\rangle$ を測定することにより, θ_j に対して1ビットの情報を得る(Holevo 定理)ではないかと思うかもしれないが, 追加で送られたランダムビット r_j のおかげで, ϕ_j については何の情報も得られないのである. 以上が, BFK プロトコルの安全性についての直感的な説明である(厳密な安全性証明については文献 [20, 24, 53] を参照). このセキュアクラウド量子計算プロトコルは, 実際に光量子ビットを用いて実験でも実現されている[12].

文献 [64] において, よりシンプルなセキュアクラウド量子計算のプロトコルが提案された. これはボブが測定型量子計算のリソース状態をつくり, アリスに1量子ビットずつ送るというものである. アリスは, 1量子ビットを測定する能力だけあればよく, 量子メモリや2量子ビットにまたがる量子ゲートなどは必要ない. もしボブが正しいリソース状態を送れば, アリスが正しい量子計算を行えるのは明らかである. さらに, 悪意のあるボブがどんな状態をつくってもボブにはアリスの秘密が漏れないことは, no-signaling 原理により保証される. no-signaling 原理というのは, アリスとボブがある系を共有しており, アリスが自分の系にどのような操作をしても, ボブには情報を伝えることはできないというものである. これは物理学における最も基本的な原理の一つであり, たとえば, 量子論もこれを満たしている(定理ではなく原理である. つまり, 何か数学的に導かれた結果ではなく, 自然界はこれを満たしているに違いないという物理学者の予想である). 実際, アリスとボブがある状態 ρ_{AB} を共有しているとしよう. アリスが自分の系 A にある操作(CPTP マップ $\mathcal{E}$)をしても, ボブの状態は

$$\mathrm{Tr}_A[(\mathcal{E}_A \otimes I_B)\rho_{AB}] = \mathrm{Tr}_A(\rho_{AB})$$

である．ここで，Tr_A はアリスの系をトレースアウトする操作である．つまり，アリスが操作をしてもしなくても，ボブの状態は同じなのである．文献 [20] のプロトコルは安全性に量子論を仮定しているが，no-signaling 原理は量子論よりも根源的な原理であると考えられているため，このプロトコルの安全性のほうがより強いといえる．また，実験系（たとえば光など）によっては，1 量子ビット状態を生成するよりも，測定するほうが簡単な場合が多いため，より実現しやすいというメリットもある．

このように，サーバーに計算内容を秘密にしたまま量子計算をサーバー上で行うことは可能なのである．しかし，サーバーが正しい計算を行ってくれる保証はあるのだろうか？ たとえば，量子計算機をもっていないにもかかわらず量子計算機をもっていると嘘をついて利用料金を騙し取るような悪いサーバーを見抜くことはできるのだろうか？ このような問題は量子計算の検証とよばれ，近年さかんに研究されている．この章で説明した状態の検証を使えば，この問題を解決することができる．つまり，文献 [64] のプロトコルにおいて，アリスはボブに多数のグラフ状態を送ってもらい，一つを除くすべてに対してスタビライザーテストを行うことにより，状態の正しさを検証するのである．もしテストにパスすれば，残された状態は正しいグラフ状態に近いことが保証されているので，それを用いて望みの測定型量子計算を行うことができる．スタビライザーテストは，1 量子ビットパウリ演算子の測定のみで実現できるため，1 量子ビット測定しかできないアリスでも，検証付きセキュアクラウド量子計算が可能なのである．

第**8**章

量子対話型証明系

　この章では，量子対話型証明系について説明する．対話型証明系というのは，計算能力に制限のある検証者（verifier）が，計算能力に制限のない証明者（prover）とメッセージをやりとりすることにより，検証者の能力を超えた問題を解くシステムである．アーサー王の物語にならって，検証者はアーサー（Arthur），証明者はマーリン（Merlin）ともよばれる．対話型証明系の中でも，メッセージが量子状態であったり，証明者や検証者が量子計算を行えるような場合などのように，量子がかかわってくるものは，とくに量子対話型証明系とよばれる．一見すると，証明者が単に問題の答えを検証者に送ればよいので，このシステムはどんな難しい問題でも解けるように思え，トリビアルな話であると感じるかもしれないが，実はそうではない．重要なポイントは，証明者は常に正しいヒントをくれるとは限らず，間違ったメッセージを送ることにより，間違った答えを検証者に受理させようとするかもしれないという点である．したがって，検証者は，自分よりも計算能力の高い証明者の嘘に騙されないようにしつつ，証明者の高い計算能力をうまく利用して難しい問題を解かせる必要がある．制限された計算能力の中でいかにして，強力な証明者の嘘を見破るようなプロトコルを構築するかを試行錯誤したり，ほかの研究者の論文を読んで，彼らが思いついた非常にエレガントなアイデアに感心したりするところがこの研究テーマの一番の醍醐味であり，通常の量子計算や理論物理学では味わえないさまざまな面白い体験ができる．対話型証明系は，NP のある種の拡張になっているため，計算量理論の分野においては非常に重要なテーマである．また，前章で説明したセキュアクラウド量子計算の検証とも設定が似ていることに気付くであろう（量子計算機をもたない利用者が，悪い量子サーバーに騙されないようにしつつ量子計算をサーバー上で実行する）．実際，対話型証明系はセキュリティの分野でも重要である．この章では，前章で説明した状態の検証方法を量子対話型証明系に応用した結果も紹介する．量子対話型証明系の教科書としては，文献 [95, 100] がある．

8.1　MA

NP は，多項式時間確率的チューリングマシンで

1. $x \in L$ のとき，受理確率は > 0
2. $x \notin L$ のとき，受理確率は $= 0$

として判定できる問題のクラスであると定義された．確率的計算においては，毎回分岐に差し掛かると，確率 1/2 で一つの枝を，確率 1/2 でもう一つの枝を選んでいた．分岐は多項式個存在するので，もし仮に正しい計算パスが一つしかない場合，その正しい計算パスを選択する確率は 2^{-poly} と，指数関数的に小さくなってしまう．しかし，もし仮にどんな難しい問題でも瞬時に解くことのできる万能の魔法使いマーリンがいて，彼があらかじめ，各分岐においてどちらの道を選ぶべきかを記した紙をくれるとしよう．分岐の二つの道のうち，一方を選ぶ場合は 0，もう一方を選ぶ場合は 1 で表すことにすれば，分岐の数は多項式個なので，マーリンのくれる紙には多項式長さのビット列が書かれていることになる．すると，各分岐でコインを振って確率的に道を選ばなくても，マーリンのくれた紙に書いてあるとおりに道を選択すれば，常に（確率 1 で）正しいゴールにたどり着くことができる．もし，そもそも正しいゴールが一つもない場合は，マーリンがどんなヒントをくれてももちろん正しいゴールには到達しない．

つまり，NP は以下のようにも定義できるのである．

定義　言語 L が NP に入るとは，ある多項式時間決定的チューリングマシンと多項式 w が存在して，

1. $x \in L$ のとき，あるビット列 $y \in \{0,1\}^w$ が存在して，(x,y) を入力として計算を行うと，受理する．
2. $x \notin L$ のとき，どんな $y \in \{0,1\}^w$ に対しても，(x,y) を入力として行う計算は受理しない．

を満たすことである．

この定義におけるビット列 y が，上記の例においてマーリンがくれる紙に書いてあるヒントに対応している．マーリンが送るメッセージ y は witness や certificate とよばれている．マーリンから witness をもらって計算を行う人（つまり多項式時間決定的チューリングマシン）が検証者（アーサー）である．

上記の NP の定義においては，検証者は決定的計算を行っていた．もし，確率的計算を行うとすればどうなるだろうか？ このように拡張したクラスは MA（Merlin–Arthur）とよばれている．

定義 言語 L が MA に入るとは，ある多項式時間確率的チューリングマシンと多項式 w が存在して，

1. $x \in L$ のとき，ある $y \in \{0,1\}^w$ が存在して，(x,y) を入力として行う計算の受理確率は $\geq 2/3$
2. $x \notin L$ のとき，どんな $y \in \{0,1\}^w$ に対しても，受理確率は $\leq 1/3$

を満たすことである．

BPP や BQP と同様，$(2/3, 1/3)$ の値自体には深い意味はなく，$a - b \geq 1/poly$ を満たす任意の $0 \leq b < a \leq 1$ にとれば，多項式回繰り返して多数決をとることにより，正解確率を任意の多項式 r に対して $1 - 2^{-r}$ 以上にすることができる．

8.2 IP

MA は証明者が検証者に 1 回メッセージを送って終了であるが，検証者と証明者が何度もメッセージをやりとりするように拡張することもできる．メッセージを k 回やりとりするように拡張された系は，IP$[k]$ とよばれている．慣習として，最後のメッセージは証明者から検証者になるようにする．したがって，もしたとえば奇数回やりとりする場合は，まず証明者が検証者にメッセージを送る．次に，検証者はそのメッセージをもとに多項式時間確率的古典計算を行う．その結果を証明者に送り，証明者はまたメッセージを返す．これを繰り返し，最後に検証者は証明者から最後に来たメッセージとこれまでのやりとりの記録をもとに多項式時間確率的古典計算を行い，1 ビット出力し，受理か拒否を決める．

定義 言語 L が IP$[k]_{c,s}$ に入るとは，ある多項式時間確率的古典検証者が存在して，

1. $x \in L$ のとき，ある証明者の行動が存在して，検証者の受理確率は $\geq c$
2. $x \notin L$ のとき，どんな証明者の行動に対しても，検証者の受理確率は $\leq s$

を満たすことである．

とくに，多項式回のメッセージのやりとりで判定できるクラスは IP と書く．IP =
PSPACE であることが知られている．

8.3 QMA

MA は古典の対話型証明系であるが，これを量子に拡張することを考えよう．MA
を量子に拡張しようとすると，二つの点が量子に拡張できることに気付く．一つ目
は，マーリンからの witness を多項式長の古典ビット列ではなく，多項式個の量子
ビットからなる量子状態にするのである．二つ目は，アーサーが多項式時間古典計
算ではなく多項式時間量子計算ができるとするのである．つまり，MA を量子に拡
張する方法としては，次の3通りの組み合わせが考えられる．

1. witness は量子，アーサーも量子．
2. witness は古典，アーサーは量子．
3. witness は量子，アーサーは古典．

1. は QMA（quantum Merlin–Arthur）とよばれている．QMA の研究は Knill[46]，
Kitaev[51]，Watrous[98]らにより始められた．2. は QCMA とよばれている．これ
は 8.11 節で説明する．3. は，もしアーサーが完全に古典の場合，送られてくる量子
状態はまったく利用できないので，BPP と等価になる．もしアーサーは量子状態の
測定のみできるとすると，状況は多少異なってくる．まず，各量子ビットを計算基底
（Z 基底）で測定することしかできない場合，アーサーにとっては，witness の量子
状態は古典確率分布と等価になるので MA である（簡単にわかるように，MA にお
いて，マーリンが決定的ではなくて確率的な動作をしても，計算量クラスは変わら
ない）．面白いことに，もし計算基底に加えて X 基底の測定もできる場合，8.8 節で
見るように，実は QMA と等価になるのである（つまり，QMA においてアーサー
の計算能力はユニバーサル量子計算と定義されているが，実はユニバーサル量子計
算でなく，1 量子ビットをシーケンシャルに X, Z 基底で測定する能力だけでも十
分なのである）．

さて，この節と以下の節では，QMA について詳しく調べることにする．まず，
QMA は次のように定義される．

定義 言語 L が $\mathrm{QMA}_w(c, s)$ に入るとは，ある多項式時間一様生成可能量子回
路族 $\{V_x\}_x$ と多項式 w, m が存在して，

1. $x \in L$ のとき，ある w 量子ビット状態 $|\psi\rangle$ が存在して，受理確率

$$(\langle\psi| \otimes \langle 0^m|)V_x^\dagger(|0\rangle\langle 0| \otimes I^{\otimes w+m-1})V_x(|\psi\rangle \otimes |0\rangle^{\otimes m})$$

　　 が $\geq c$
2. $x \notin L$ のとき，どんな w 量子ビット状態 $|\psi\rangle$ に対しても，上記の受理確率は $\leq s$

を満たすことである．

　簡単に確認できるように，$x \in L$ のときの witness $|\psi\rangle$ は純粋状態であると仮定してよい．なぜなら，もしある混合状態 ρ に対し，受理確率が $\geq c$ であるならば，ρ の固有状態の少なくとも一つが受理確率 $\geq c$ とならないと矛盾するからである．また，BPP や BQP と同様に，QMA の定義における (c, s) の値は意味のない値であり，$c - s \geq 1/poly$ を満たす任意の c と s であれば，計算の多項式回の繰り返しで成功確率を 1 に近づけることができると思うかもしれない．実際そうなのであるが，QMA の場合，その証明は多少非自明になる．なぜなら $x \in L$ の場合，マーリンは正直なので，$|\psi\rangle^{\otimes poly}$ という状態を送ってきてくれるため，それぞれの試行は独立であり，これまでの BQP や BPP の議論が使える．しかし，$x \notin L$ の場合，マーリンは witness として任意の状態を送ってくる可能性があり，たとえばエンタングルした状態を送ってくるかもしれない．その場合，異なる試行がたがいに独立ではなくなってしまい，これまでの議論がもはや通用しない．しかしながら，以下のように考えれば証明できることがわかる．QMA の定義により，$x \notin L$ のとき，任意の状態 ρ に対し，受理する確率は $\leq s$ である．したがって，i 番目の試行において受理する確率は，$i - 1$ 番目までの試行の結果にかかわらず s 以下である．ということは，マーリンが任意のエンタングルした状態を送ってきた場合の受理確率は，確率 $(s, 1 - s)$ の独立なベルヌーイ試行を行った場合の受理確率で上から押さえることができる．そして，そのような独立なベルヌーイ試行の場合は，BPP や BQP の場合と等価になるので，同様の議論により，多数決をとれば受理確率が指数関数的に小さくなることが証明できる．

8.4 Marriott–Watrous の方法

　このように，QMA においても，BQP や BPP と同様に，多項式個の計算を並列に行うことで成功確率を 1 に近づけることができる．しかし，この方法の欠点は，

マーリンが送る witness のサイズが（多項式オーダーのままではあるものの）大きくなってしまうことである．しかし，実は文献 [61] において，アーサーの回路を工夫すれば，マーリンは $|\psi\rangle^{\otimes poly}$ のように $|\psi\rangle$ を複数個用意したものを送らなくても，一つの $|\psi\rangle$ を送るだけで十分であることが示された．つまり，$c - s \geq 1/poly$ であるなら，任意の多項式 r に対し

$$\mathrm{QMA}_w(c, s) \subseteq \mathrm{QMA}_w(1 - 2^{-r}, 2^{-r})$$

が成り立つ．この方法は，今日では Marriott–Watrous の方法とよばれている．大雑把なイメージとしては，回路 V_x を掛けた後に結果をアンシラに「コピー」し，今度は $V_x^\dagger$ を掛けて状態を初期状態に戻すことにより，witness を「再利用」するというアイデアに基づいている（詳細については文献 [61] を参照）．

Marriott–Watrous の方法を使うと，witness が log サイズである QMA は BQP に入ることが簡単に示せる．いま，ある言語 L が $\mathrm{QMA}_w(c, s)$ に入るとしよう．Marriott–Watrous の結果より，任意の多項式 r に対し $c = 1 - 2^{-r}$，$s = 2^{-r}$ ととってよい．アーサーの回路を V_x とするとき，w 量子ビット witness を $I^{\otimes w}/2^w$ に置き換えて V_x を作用させるような BQP 回路を考えよう．すると受理確率は，$x \in L$ のとき，

$$\mathrm{Tr}\left[(|0\rangle\langle 0| \otimes I^{\otimes w+m-1})V_x\left(\frac{I^{\otimes w}}{2^w} \otimes |0\rangle\langle 0|^{\otimes m}\right)V_x^\dagger\right]$$
$$\geq \frac{1}{2^w}\mathrm{Tr}\left[(|0\rangle\langle 0| \otimes I^{\otimes w+m-1})V_x(|\psi\rangle\langle\psi| \otimes |0\rangle\langle 0|^{\otimes m})V_x^\dagger\right]$$
$$\geq \frac{1 - 2^{-r}}{2^w}$$

となる．一方，$x \notin L$ のとき，任意の状態に対して受理確率は $\leq 2^{-r}$ なので，当然 $I^{\otimes w}/2^w$ に対してもそうである．よって，$x \in L$ のときと $x \notin L$ のときの受理確率の差は

$$\frac{1 - 2^{-r}}{2^w} - 2^{-r} \geq \frac{1}{poly}$$

となり，したがって L は BQP に入る．

また，Marriott–Watrous の方法は，QMA が SBQP に含まれることを示すのにも使える．実際，ある言語 L に対し $L \in \mathrm{QMA}_w(c, s)$ と仮定しよう．Marriott–Watrous の結果より，任意の多項式 r に対し，$L \in \mathrm{QMA}_w(1 - 2^{-r}, 2^{-r})$ である．witness の代わりに $I^{\otimes w}/2^w$ を使い $r \geq w + 1$ にとれば，受理確率は $x \in L$ のとき，

$$p_{\mathrm{acc}} \geq \frac{1 - 2^{-r}}{2^w}$$

$x \notin L$ のとき,

$$p_{\mathrm{acc}} \leq 2^{-r} \leq 2^{-w-1} = \frac{1}{2} 2^{-w}$$

となり,

$$1 - 2^{-r} - \frac{1}{2} \geq \frac{1}{poly}$$

なので,$L \in \mathrm{SBQP}$ である.

8.5 group non-membership 問題

MA は QMA の特別な場合である（witness が計算基底の状態のとき）ので,当然 MA $\subseteq$ QMA が成り立つ.両者は異なるのであろうか？ つまり,MA $\neq$ QMA なのだろうか？

$$\mathrm{P} \subseteq \mathrm{NP} \subseteq \mathrm{MA} \subseteq \mathrm{QMA} \subseteq \mathrm{SBQP} \subseteq \mathrm{PP} \subseteq \mathrm{PSPACE}$$

なので,もし MA $\neq$ QMA が成り立つと,P $\neq$ PSPACE も成り立つことになる.以前述べたように P $\neq$ PSPACE というのは古典計算量理論における大きな未解決問題なので,MA $\neq$ QMA かどうかという問題は,そう簡単には解けないであろう.

Watrous は,group non-membership（GNM）という問題が QMA に入ることを示した[98].GNM とは,ある有限群 G の要素 $g_1, g_2, \ldots, g_k, h$ が与えられたとき,h が $g_1, g_2, \ldots, g_k$ の生成する群 $H \equiv \langle g_1, g_2, \ldots, g_k \rangle$ に入っていなければ YES,入っていれば NO という問題である.GNM は coNP と AM[†1]に入るが,BPP と MA には入らないことが知られている[†2].

GNM が QMA に入ることは,以下のようにして簡単に証明できる.群 H に対し,ある要素 $h_1, h_2, \ldots, h_m$ が存在して,$s \equiv (s_1, s_2, \ldots, s_m) \in \{0,1\}^m$ を一様にランダムに振ったときの $h_1^{s_1} h_2^{s_2} \cdots h_m^{s_m}$ の分布は,H の中から要素を一様にランダムに

---

†1 AM とは,検証者がランダムなビットを証明者に送り,証明者がメッセージを返すようなシステムで解ける問題のクラスである.

†2 この結果は,一見 MA $\neq$ QMA を意味するように見える.しかし,この結果は,group オラクルのもとでという条件が付く.つまり,ある種の群についての演算が,サブルーチンとして 1 ステップで行うことができるという仮定をしているのである.このようにオラクルを付けた計算を考えるのは,計算量理論においてはよく行われる手法である.

選んだ分布を近似できることが知られている．アーサーはマーリンから与えられた状態 $|\psi\rangle$ に対し，次のようなテストをする．まず，アンシラ $|0^m\rangle$ を状態 $|\psi\rangle$ にくっつけ，アンシラに $H^{\otimes m}$ を作用させて

$$\left(\frac{1}{\sqrt{2^m}}\sum_{s\in\{0,1\}^m}|s\rangle\right)\otimes|\psi\rangle$$

をつくる．次に，アンシラの量子ビットのそれぞれをコントロールとする controlled-$U(h_j)$ を作用させて，

$$\frac{1}{\sqrt{2^m}}\sum_{s\in\{0,1\}^m}|s\rangle\otimes\left(\prod_{j=1}^{m}U(h_j)^{s_j}|\psi\rangle\right)$$

をつくる．ここで，$U(x)$ は $U(x)|y\rangle=|xy\rangle$ というユニタリ演算子である．最後に，アンシラの各量子ビットをそれぞれ X 基底で測定し，すべて $|+\rangle$ が現れたら，パスしたとみなす．パスした後の状態は，規格化を除いて

$$\sum_{s\in\{0,1\}^m}\prod_{j=1}^{m}U(h_j)^{s_j}|\psi\rangle=\sum_{g\in H}U(g)|\psi\rangle=\sum_{x}\alpha_x\left(\sum_{g\in H}|gx\rangle\right)$$

である．ただし，

$$|\psi\rangle=\sum_{x}\alpha_x|x\rangle$$

とした．たとえば，$|\psi\rangle$ として，

$$|H\rangle\equiv\frac{1}{\sqrt{|H|}}\sum_{g\in H}|g\rangle$$

という状態をとると，テストに確率 1 でパスすることが確かめられる．テストに高い確率でパスする状態を多項式時間量子計算機でつくることができれば，GNM は BQP に入ることになるが，そのようなことが可能であるのかはいまのところわかっていない．

　もしテストにパスすれば，アーサーはパスした状態に対し，アンシラ $|+\rangle$ をくっつけてアンシラをコントロールとする controlled-$U(h)$ を作用させ，アンシラを X で測定する．$|-\rangle$ が現れたら受理とする．$h\in H$ のとき，

$$\sum_x \alpha_x \left(\sum_{g \in H} |gx\rangle |0\rangle + \sum_{g \in H} |hgx\rangle |1\rangle \right) = \sum_x \alpha_x \left(\sum_{g \in H} |gx\rangle |0\rangle + \sum_{g \in H} |gx\rangle |1\rangle \right)$$
$$= \sum_x \alpha_x \left(\sum_{g \in H} |gx\rangle \right) |+\rangle$$

なので，受理確率は 0 である．$h \notin H$ のとき，$|\psi\rangle = |H\rangle$ とすれば，$|H\rangle$ と $U(h)|H\rangle$ は直交するので，

$$\frac{1}{\sqrt{2}} |H\rangle |0\rangle + \frac{1}{\sqrt{2}} U(h)|H\rangle |1\rangle$$

の右端の量子ビットを X で測定したときに $|-\rangle$ の現れる確率，つまり受理確率は $1/2$ である．

8.6 subset state witness

QMA の定義においては，$x \in L$ の場合，マーリンが送る w 量子ビット状態についてはとくに制限はなく，任意の状態でありうる．しかし，実は任意の状態を考える必要はなく，subset state とよばれる，計算基底を $+1$ の係数で重ね合わせたような状態

$$|S\rangle \equiv \frac{1}{\sqrt{|S|}} \sum_{z \in S} |z\rangle$$

のみを witness として考えれば十分であることが証明された[35]．ここで，$S \subseteq \{0,1\}^w$ はある部分集合である．これは，任意の状態が subset state で近似できるという性質を使っている（より正確にいえば，任意の w 量子ビット状態 $|\psi\rangle$ に対し，ある部分集合 S が存在して，$|\langle \psi | S \rangle| = \Omega(w^{-1/2})$ が成り立つということである）．たとえば，前節の GNM の議論で出てきた witness や $|H\rangle$ も subset state になっていることが確認できるであろう．

8.7 クリフォードゲートのみの検証者

QMA の定義においては，アーサーは任意の多項式時間一様生成可能量子計算が可能であるとされていた．しかし，実はアーサーにはユニバーサルに量子計算ができる能力は必要なく，クリフォードゲートのみの量子計算ができる能力で十分であ

ることが証明されている[68]. 第4章で述べたように, クリフォードゲートのみから
なる量子計算は, 古典計算機で効率的にシミュレートできるほど非常に弱いもので
ある (Gottesman–Knill の定理). しかし, マジック状態 $|H\rangle$

$$|H\rangle\langle H| \equiv \frac{1}{2}\left(I - \frac{X + Z}{\sqrt{2}}\right)$$
$$= \left(\sin\frac{\pi}{8}|0\rangle - \cos\frac{\pi}{8}|1\rangle\right)\left(\sin\frac{\pi}{8}\langle 0| - \cos\frac{\pi}{8}\langle 1|\right)$$

とよばれる状態を多項式個用意できれば, クリフォードゲートのみでユニバーサル
量子計算が可能になる. 実際, マジック状態を使ってテレポーテーションを行えば,
非クリフォードゲートを実現することができる. そこで, マーリンが通常の witness
に加えて, 多項式個のマジック状態をアーサーに送るとすると, アーサーはこのマ
ジック状態を使って, クリフォードゲートのみでユニバーサル量子計算ができるの
である. マーリンが邪悪なときは常に正しいマジック状態を送ってくるとは限らな
いが, アーサーがマジック状態の正しさをチェックできる方法が文献 [68] において
提案されている.

8.8 1量子ビットずつシーケンシャルに測定できる検証者

また, QMA において, アーサーにはユニバーサル量子計算ではなく, 1量子ビッ
トをシーケンシャルに測定する能力のみでも十分であることも証明されている[69].
シーケンシャルに測定するというのは, 自分では量子メモリをもたず, 次々と飛んで
くる量子ビットを一つずつ測定するということである. この結果の証明には, 第7章
で述べた状態の検証を使っている. マーリンは, グラフ状態に witness を CZ ゲー
トでエンタングルさせたものをアーサーに送る. アーサーは, 1量子ビットの測定
のみでユニバーサル量子計算を行うことが可能である. 邪悪なマーリンは正しいグ
ラフ状態を送ってこないかもしれないが, アーサーはスタビライザーをチェックす
ることにより, マーリンが正しいグラフ状態を送ってきたのかどうかを確認できる
ことが文献 [69] において証明されている.

この結果は, マーリンからアーサーへの量子チャンネルにノイズがある場合にも
拡張できる[66]. チャンネルにノイズがある場合, 正直なマーリンが正しいグラフ状
態を送っても, ノイズのためにグラフ状態から少しずれてしまい, アーサーのスタ
ビライザーテストをパスすることができなくなってしまう. しかし, 実際は多少ノ
イズののったグラフ状態でも, 量子誤り訂正符号を使うことにより, 正しい量子計

算は可能である．文献 [66] において，正しいグラフ状態だけでなく，量子誤り訂正可能なノイズののったグラフ状態もパスするような新しいスタビライザーテストが提案されている．

8.9 対話型証明系における乱数の役割

ここまで見てきた例では，アーサーは乱数を生成し，それに基づいてテストを行うことによりマーリンの witness の正しさをチェックしている（たとえば，クリフォードゲートのみの検証者の例では，マジック状態として送られてきた状態からランダムにサンプルを選んでテストしているし，1量子ビットずつシーケンシャルに測定する検証者の例では，グラフ状態として送られてきた状態をスタビライザーテストに使うか，測定型量子計算に使うかをランダムに選んでいる）．対話型証明系においては，マーリンのほうが計算能力が高いにもかかわらず，アーサーがマーリンに出し抜かれないのは，アーサーが生成するこの乱数のおかげである．乱数がどんな値を出すのかは，無限の計算能力をもつマーリンですら予測できないため，それをうまく利用すれば，計算能力の劣るアーサーが計算能力の高いマーリンと渡り合えるのである．つまり，対話型証明系においては，乱数が重要な役割を果たしているといえる．

8.10 local Hamiltonian 問題

3SAT が NP 完全問題であることはよく知られているが，それの「量子アナロジー」として，QMA は local Hamiltonian (LH)[43, 45, 51] という完全問題をもつことが知られている．LH とは，ある k 体相互作用ハミルトニアンが与えられたときに，その基底エネルギーが b 以下なら YES，a 以上なら NO という問題である．ここで，$a - b \geq 1/poly$ を満たす．

まず，LH が QMA 困難であることについては，次のようにして証明できる．QMA においてアーサーが行う量子計算は，ユニタリ演算子 $U_1, U_2, \ldots, U_T$ を順番に $|\psi\rangle \otimes |0^m\rangle$ に作用させるものであるとする．ここで，$|\psi\rangle$ はマーリンから送られる w 量子ビット状態（witness）である．このとき，

$$|\Psi\rangle \equiv \frac{1}{\sqrt{T+1}} \sum_{t=0}^{T} \left[U_t U_{t-1} \cdots U_1 (|\psi\rangle \otimes |0^m\rangle) \right] \otimes |t\rangle$$

という状態を考えよう．これは，アーサーの計算の各時刻の状態に，時刻を記録

する状態 $|t\rangle$ を付けて同じ重みで重ね合わせたものである．このような状態は，Kitaev–Feynmann 状態や history 状態などとよばれている．簡単にわかるように，この状態は射影演算子

$$A \equiv I^{\otimes w} \otimes (I^{\otimes m} - |0^m\rangle\langle 0^m|) \otimes |t=0\rangle\langle t=0|$$

に対し，$A|\Psi\rangle = 0$ を満たす．これはアーサーの計算の初期状態が正しいものであるかチェックしていることになる．また，射影演算子

$$B \equiv |0\rangle\langle 0| \otimes I^{\otimes w+m-1} \otimes |t=T\rangle\langle t=T|$$

に対し，$\langle\Psi|B|\Psi\rangle$ はアーサーの計算の受理確率（に比例したもの）となる．そして，射影演算子

$$C_t \equiv \frac{1}{2}\big(I^{\otimes w+m} \otimes |t\rangle\langle t| + I^{\otimes w+m} \otimes |t+1\rangle\langle t+1| \\ - U_{t+1} \otimes |t+1\rangle\langle t| - U_{t+1}^{\dagger} \otimes |t\rangle\langle t+1|\big)$$

に対し，$C_t|\Psi\rangle = 0$ となる．これは，時刻 t から時刻 $t+1$ への計算ステップが正しいものであるかをチェックしていることになる．したがって，A, C_t, B に適当な重みを付けてつくったハミルトニアンを考えると，$x \in L$ のときは，状態 $|\Psi\rangle$ のエネルギーは小さくなるし，$x \notin L$ のときは，どのような状態をもってきてもエネルギーは高くなるようにできる．なぜなら，$|\Psi\rangle$ に近い状態をもってくると，A と C_t に対してはエネルギーは低くなるが B の部分のエネルギーが高くなってしまうし，B の部分のエネルギーを低くするような $|\Psi\rangle$ からかけ離れた状態をもってくると，A と C_t の部分のエネルギーが高くなってしまうからである．摂動理論を使うと，最終的には上記の議論を，X と Z のみからなる 2 体相互作用ハミルトニアンでも行うことができる．したがって，そのような 2 体相互作用ハミルトニアンでも QMA 困難であることが証明できる．

次に，LH が QMA に含まれることは，witness として基底状態を考えることにより証明できる．n 量子ビットハミルトニアン H をパウリ基底で書いたとき，

$$H = \sum_{i=1}^{h} c_i \sigma_i$$

となるとしよう．ここで，c_i は実数であり（H はエルミートなため），σ_i は高々二つのサイトが X か Z であるようなパウリ演算子である（上記のように，X, Z のみの 2 体ハミルトニアンで QMA 困難なため）．このとき，検証者は送られてきた

n 量子ビット状態 ρ に対し，次のような動作を行う[69]．

1. 確率 $|c_i|/R$ で i を発生させる．ただし，$R \equiv \sum_{i=1}^{h} |c_i|$ である．$h = poly(n)$ なので，R は多項式時間古典計算機で計算できる．

2. σ_i を測定する．つまり，ρ の各量子ビットを σ_i で指定されるパウリ演算子で測定する．測定結果を $m_1,\, m_2 \in \{+1,\, -1\}$ とするとき，$m_1 m_2 \neq \mathrm{sign}(c_i)$ ならば受理とする．

すると，受理確率は

$$p_{\mathrm{acc}} = \sum_i \frac{|c_i|}{R} \mathrm{Tr}\left(\rho \frac{I^{\otimes n} - \mathrm{sign}(c_i)\sigma_i}{2}\right) = \frac{1}{2} - \frac{\mathrm{Tr}(\rho H)}{2R}$$

となる．したがって，YES のときは，ρ として H の基底状態をとれば $\mathrm{Tr}(\rho H) \leq a$ なので，

$$p_{\mathrm{acc}} \geq \frac{1}{2} - \frac{a}{2R} \equiv \alpha$$

となる．一方で，NO のときは，任意の状態 ρ に対して $\mathrm{Tr}(\rho H) \geq b$ なので，

$$p_{\mathrm{acc}} \leq \frac{1}{2} - \frac{b}{2R} \equiv \beta$$

となる．

$$\alpha - \beta = \left(\frac{1}{2} - \frac{a}{2R}\right) - \left(\frac{1}{2} - \frac{b}{2R}\right) = \frac{b - a}{2R}$$
$$\geq \frac{1/poly}{poly} = \frac{1}{poly}$$

なので，問題は QMA に入る．

　ちなみに，8.3 節で，witness が量子状態であり，検証者は古典計算に加えて，X, Z 基底測定のみできる場合は QMA と等価であると述べたが，ここで述べたことがその証明になっている．

8.11 QCMA

　QMA において，マーリンからの witness を古典ビット列にしたものは QCMA とよばれる．

定義 言語 L が QCMA に入るとは，ある多項式時間一様生成可能量子回路族 $\{V_x\}_x$ と多項式 w, m が存在して，

1. $x \in L$ のとき，ある $y \in \{0,1\}^w$ が存在して，受理確率

   $$(\langle y| \otimes \langle 0^m|)V_x^\dagger(|0\rangle\langle 0| \otimes I^{w+m-1})V_x(|y\rangle \otimes |0\rangle^{\otimes m})$$

   が $\geq 2/3$
2. $x \notin L$ のとき，どんな $y \in \{0,1\}^w$ に対しても，上記の受理確率は $\leq 1/3$

を満たすことである．

QMA と QCMA が等価かどうかというのは，重要な未解決問題である．もし，量子状態の情報が十分に古典ビット列にエンコードできるなら，両者は等価になるので，この問題は，量子状態と古典ビット列がもてる情報は等価か否かという，量子情報の根本にかかわる重要な問題と関連しているのである．

8.12 QMA(2)

マーリンが k 人いて，それぞれ witness をアーサーに送ってくるように QMA を拡張したものは QMA(k) とよばれており，Kobayashi, Matsumoto, Yamakami らにより定義された[54, 55]．

定義 言語 L が $\mathrm{QMA}_{c,s}(k)$ に入るとは，ある多項式時間一様生成可能量子回路族 $\{V_x\}_x$ と多項式 w, m が存在して，

1. $x \in L$ のとき，ある k 個の w 量子ビット状態 $|\psi_1\rangle, |\psi_2\rangle, \ldots, |\psi_k\rangle$ が存在して，受理確率

   $$\left\| (|0\rangle\langle 0| \otimes I^{\otimes kw+m-1})V_x(|\psi_1\rangle \otimes |\psi_2\rangle \otimes \cdots \otimes |\psi_k\rangle \otimes |0\rangle^{\otimes m}) \right\|^2$$

   が $\geq c$
2. $x \notin L$ のとき，どんな w 量子ビット状態 $|\psi_1\rangle, |\psi_2\rangle, \ldots, |\psi_k\rangle$ に対しても，上記の受理確率は $\leq s$

を満たすことである．

実は，$k \geq 3$ となる $k = poly(n)$ に対し，$\mathrm{QMA}(k) = \mathrm{QMA}(2)$ であること，そして，(c, s) は $c - s \geq 1/poly(n)$ ならば任意の多項式 r に対し $(1 - 2^{-r}, 2^{-r})$ に増幅できることが証明されている[38].

一方のマーリンを無視すればよいので，明らかに $\mathrm{QMA} \subseteq \mathrm{QMA}(2)$ であるが，$\mathrm{QMA} = \mathrm{QMA}(2)$ かどうかは未解決の問題である．実際，$\mathrm{QMA}(2)$ に入るが QMA に入ることが知られていない問題が存在する[60].

8.13 QIP

QMA や QCMA は，マーリンが一方的にアーサーにメッセージを送るだけであったが，マーリンとアーサーの間でメッセージをやりとりするように拡張したものは QIP とよばれる[97]. あるいは，QIP は IP の量子版ともいえる.

QIP においては，三つのレジスター P, M, V を考える．P は証明者のプライベートレジスター（private register），M はメッセージレジスター（message register），V は検証者のプライベートレジスターとよばれる．証明者は P と M に任意のユニタリ演算子を作用させ，M のみを検証者に送る．検証者は，M と V に任意の多項式時間一様生成可能量子回路を作用させ，M のみを証明者に送る．これを繰り返し，最後に，検証者が一つの量子ビットを計算基底で測定し，0 が出現すれば受理，1 が出現すれば拒否とする．なお，一番最後のメッセージは，証明者から検証者へのものとなるようにする習慣がある（したがって，奇数回やりとりする場合，まずは証明者からメッセージを送ることになり，偶数回やりとりする場合，まずは検証者からメッセージを送ることになる）．

定義 言語 L が $\mathrm{QIP}_{c,s}(m)$ に入るとは，m 回メッセージをやりとりする量子対話型証明系が存在して，

1. $x \in L$ のとき，ある証明者の行動が存在し，検証者の受理確率は $\geq c$
2. $x \notin L$ のとき，証明者のどんな行動に対しても，検証者の受理確率は $\leq s$

を満たすことである．

実は，$k \geq 4$ となる任意の多項式 k に対し，$\mathrm{QIP}(k) = \mathrm{QIP}(3)$ であることが知られている[44, 52, 95]. したがって，3 回のメッセージのやりとりのみ考えれば十分なのである（この証明は 8.17 節で与える）．また，$\mathrm{QIP}(3) = \mathrm{PSPACE}$ であることも示されている[40].

8.14　QIP 完全問題の例 1：close images

ある定数 $0 < b < a \le 1$ と二つの量子回路 Q_1, Q_2 が与えられたとき，

- YES：ある ρ, ξ に対し，$F(Q_1(\rho), Q_2(\xi)) \ge a$
- NO：すべての ρ, ξ に対し，$F(Q_1(\rho), Q_2(\xi)) \le b$

を判定せよという問題を考えよう．これは close images とよばれており，QIP 完全である[52]．ただし，F はフィデリティである．

これが QIP 困難であることは，次のようにして証明できる．QIP = QIP(3) なので，QIP(3) を考えよう．QIP(3) は，次のようなプロトコルである（図 8.1）．

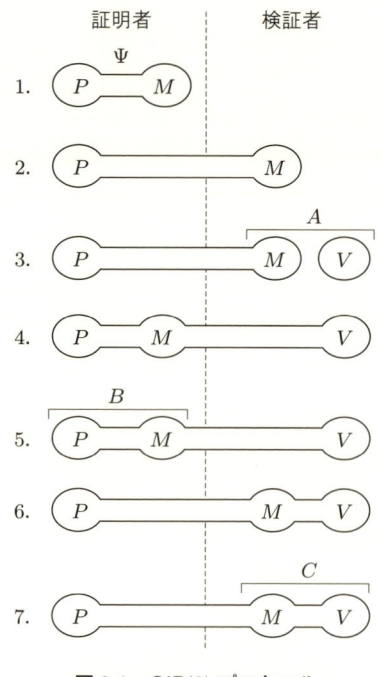

図 8.1　QIP(3) プロトコル

1. 証明者は状態 $|\psi\rangle_{PM}$ をつくる．
2. 証明者はレジスター M を検証者に送る．
3. 検証者はレジスター V を $|0^v\rangle_V$ に初期化し，ユニタリ演算子 A_{MV} をレジスター M と V に作用させ，

$$A_{MV}(|\psi\rangle_{PM} \otimes |0^v\rangle_V)$$

をつくる．ただし，v は V のサイズである．

4.　検証者はレジスター M を証明者に送る．

5.　証明者はレジスター P と M にユニタリ演算子 B_{PM} を作用させ，

$$B_{PM} A_{MV} (|\psi\rangle_{PM} \otimes |0^v\rangle_V)$$

をつくる．

6.　証明者はレジスター M を検証者に送る．

7.　検証者はレジスター M と V にユニタリ演算子 C_{MV} を作用させ，

$$C_{MV} B_{PM} A_{MV} (|\psi\rangle_{PM} \otimes |0^v\rangle_V)$$

をつくる．最後に出力量子ビットを測定し，結果を得る．

このプロトコルの受理確率 p_{acc} は，

$$p_{\mathrm{acc}} = \max_{|\xi\rangle} \left| (\langle\xi| \otimes \langle0|) C_{MV} B_{PM} A_{MV} (|\psi\rangle_{PM} \otimes |0^v\rangle_V) \right|^2$$

と書けることに注目しよう．ただし，$\max_{|\xi\rangle}$ は $p + m + v - 1$ 量子ビットの純粋状態 $|\xi\rangle$ についてとる．なぜなら，ある $p + m + v - 1$ 量子ビット状態 $|\phi_0\rangle, |\phi_1\rangle$ を用いて

$$C_{MV} B_{PM} A_{MV} (|\psi\rangle_{PM} \otimes |0^v\rangle_V) = \sqrt{p_{\mathrm{acc}}} |0\rangle \otimes |\phi_0\rangle + \sqrt{1 - p_{\mathrm{acc}}} |1\rangle \otimes |\phi_1\rangle$$

と書けるので，

$$
\begin{aligned}
\left| (\langle0| \otimes \langle\xi|) C_{MV} B_{PM} A_{MV} (|\psi\rangle_{PM} \otimes |0^v\rangle_V) \right|^2 &= p_{\mathrm{acc}} |\langle\xi|\phi_0\rangle|^2 \\
&\leq p_{\mathrm{acc}} |\langle\phi_0|\phi_0\rangle|^2 \\
&= p_{\mathrm{acc}}
\end{aligned}
$$

となるからである．Uhlmann の定理より，

$$
\begin{aligned}
&F\big(\mathrm{Tr}_{PM}[C_{MV} (|0\rangle\langle0| \otimes |\xi\rangle\langle\xi|) C_{MV}^\dagger], \mathrm{Tr}_{PM}[A_{MV} (|\psi\rangle\langle\psi| \otimes |0^v\rangle\langle0^v|) A_{MV}^\dagger] \big) \\
&= \max_{D,E} \left| (\langle0| \otimes \langle\xi|) C_{MV} D_{PM} \times E_{PM} A_{MV} (|\psi\rangle \otimes |0^v\rangle) \right|
\end{aligned}
$$

である．ただし，$\max_{D,E}$ はレジスター P と M に作用するユニタリ演算子 D, E に対してとる．よって，証明者の戦略を変えたときの受理確率の最大値は，

$$\max_{|\xi\rangle, B, |\psi\rangle} \left| (\langle0| \otimes \langle\xi|) C_{MV} B_{PM} A_{MV} (|\psi\rangle \otimes |0^v\rangle) \right|^2$$

$$= \max_{|\xi\rangle,|\psi\rangle} F\big(\Phi_1(|\xi\rangle\langle\xi|), \Phi_2(|\psi\rangle\langle\psi|)\big)^2$$

となる. ただし,

$$\Phi_1(\rho) \equiv \mathrm{Tr}_{PM}[C_{MV}(|0\rangle\langle0| \otimes \rho)C_{MV}^\dagger]$$
$$\Phi_2(\rho) \equiv \mathrm{Tr}_{PM}[A_{MV}(\rho \otimes |0^v\rangle\langle0^v|)A_{MV}^\dagger]$$

である. したがって, close images は QIP(3) 困難である.

逆に, close images が QIP(3) に入ることは, 次のように証明できる. close images の入力である量子回路 Q_1, Q_2 を純粋化しよう. 図 8.2(a) は Q_1 を純粋化したものである. レジスター R は ρ を純粋化するのに使う. つまり, レジスター $R \cup S$ の状態は, ρ の純粋化である $|\rho\rangle$ である. レジスター T はアンシラ状態を格納している. レジスター S と T にユニタリ演算子 A を作用させ, 最後にレジスター V の状態が $Q_1(\rho)$ となる. 同様に, 図 8.2(b) は Q_2 を純粋化したものである. レジスター W は ξ の純粋化に用いる. つまり, レジスター $W \cup X$ の状態は, ξ の純粋化である $|\xi\rangle$ である. レジスター Y はアンシラ状態を格納している. レジスター X と Y にユニタリ演算子 C を作用させ, 最後にレジスター V の状態が $Q_2(\xi)$ となる. 一般には, U と Z のサイズは異なるが, T あるいは Y のサイズを変えることにより両者を等価にできる (もし $|U| > |Z|$ であるなら, Y にアンシラ量子ビットを追加し, 何もしないでそのまま Z に出力するように C を変えればよい. $|U| < |Z|$ の場合はその逆を行えばよい).

ここで, 図 8.3 のような QIP(3) 回路を考えよう. まず, 証明者はレジスター $R \cup S$

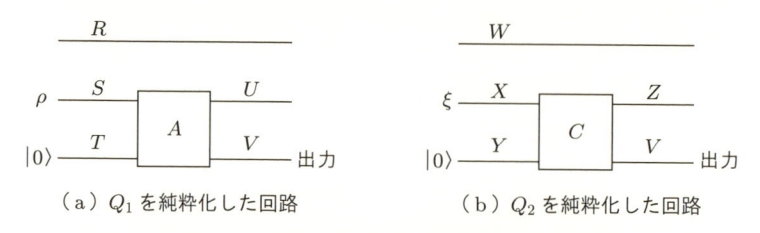

(a) Q_1 を純粋化した回路　　　　　(b) Q_2 を純粋化した回路

図 8.2　close images の入力回路を純粋化した回路

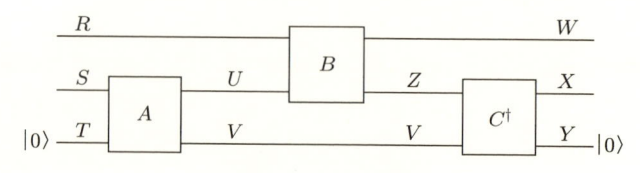

図 8.3　QIP(3) 回路

をある状態 $|\rho\rangle$ に準備し，レジスター S を検証者に送る．検証者はユニタリ演算子 A を作用させ，レジスター U を証明者に送る．証明者はユニタリ演算子 B を作用させる．一般には，R のサイズと W のサイズは異なるが，証明者が適切にアンシラをくっつけたり，一部を捨てたりすればよい．このような行動は証明者が通常行うことなので，結果には影響しない．証明者はレジスター Z を検証者に返し，検証者はユニタリ演算子 $C^\dagger$ をレジスター $Z \cup V$ に作用させる．最後に検証者はレジスター Y の各量子ビットを計算基底で測定し，すべて 0 なら受理する．この QIP(3) 回路の受理確率を p_{acc} とすると，Uhlmann の定理より

$$
\begin{aligned}
\max_{|\rho\rangle, B, |\xi\rangle} & \left| (\langle\xi| \otimes \langle 0^{|Y|}|) C^\dagger B A(|\rho\rangle \otimes |0^{|T|}\rangle) \right|^2 \\
&= \max_{|\rho\rangle, |\xi\rangle} F\big(\mathrm{Tr}_{UR}(A(|\rho\rangle\langle\rho| \otimes |0\rangle\langle 0|^{\otimes|T|})A^\dagger), \mathrm{Tr}_{ZW}(C(|\xi\rangle\langle\xi| \otimes |0\rangle\langle 0|^{\otimes|Y|})C^\dagger)\big)^2 \\
&= \max_{\rho, \xi} F(Q_1(\rho), Q_2(\xi))^2
\end{aligned}
$$

となる．したがって，close images は QIP(3) に入る．

close images が QIP に入ることは，次のようにも証明できる．まず，close images は，次節で紹介する問題（quantum circuit distinguishability）に焼き直すことができる．そして，次節で説明するように，quantum circuit distinguishability が QIP に入ることは簡単に証明できる．

close images において，Q_1, Q_2 がユニタリの場合を考えよう．つまり，ある定数 $0 < b < a \le 1$，多項式 m_1, m_2，二つのユニタリ演算子 Q_1, Q_2 が与えられたとき，

- YES：ある $|\rho\rangle, |\xi\rangle$ が存在し，

$$
F\big(Q_1(|\rho\rangle \otimes |0^{m_1}\rangle), Q_2(|\xi\rangle \otimes |0^{m_2}\rangle)\big) \ge a
$$

- NO：すべての $|\rho\rangle, |\xi\rangle$ に対し，

$$
F\big(Q_1(|\rho\rangle \otimes |0^{m_1}\rangle), Q_2(|\xi\rangle \otimes |0^{m_2}\rangle)\big) \le b
$$

を判定する問題である．これは，QMA 完全となることが次のように証明できる．

まず，QMA 困難であることを証明しよう．QMA の受理確率は

$$
\max_{|\psi\rangle, |\eta\rangle} \left| (\langle 0| \otimes \langle\eta|) V_x(|\psi\rangle \otimes |0^m\rangle) \right|^2 = \max_{|\psi\rangle, |\eta\rangle} F\big(|0\rangle \otimes \eta, V_x(|\psi\rangle \otimes |0^m\rangle)\big)^2
$$

となるので，close images の例となっている．

逆に，close images の例が与えられたとき，

$$\max_{|\rho\rangle,|\xi\rangle} F\big(Q_1(|\rho\rangle \otimes |0^{m_1}\rangle), Q_2(|\xi\rangle \otimes |0^{m_2}\rangle)\big)$$
$$= \max_{|\rho\rangle,|\xi\rangle} \big|\big(\langle\rho| \otimes \langle 0^{m_1}|\big)Q_1^\dagger Q_2\big(|\xi\rangle \otimes |0^{m_2}\rangle\big)\big|$$

なので，アーサーの回路が $Q_1^\dagger Q_2$ であり，アーサーは最後に m_1 個の量子ビットを計算基底で測定し，すべて 0 なら受理するという QMA プロトコルにより解くことができる．よって，close images は QMA に含まれる．

8.15　QIP 完全問題の例 2：quantum circuit distinguishability

ある定数 $0 \le b < a \le 2$ と二つの量子回路 Q_1, Q_2 が与えられたとき，

- YES：$\|Q_1 - Q_2\|_\diamond \ge a$
- NO：$\|Q_1 - Q_2\|_\diamond \le b$

を判定する問題は quantum circuit distinguishability とよばれているが，これも QIP 完全である[79]．ここで，$\|\cdot\|_\diamond$ はダイヤモンドノルム

$$\|Q_1 - Q_2\|_\diamond \equiv \big\|Q_1 \otimes I^{\otimes n} - Q_2 \otimes I^{\otimes n}\big\|_1$$
$$\equiv \max_{|\psi\rangle} \big\|(Q_1 \otimes I^{\otimes n})(|\psi\rangle\langle\psi|) - (Q_2 \otimes I^{\otimes n})(|\psi\rangle\langle\psi|)\big\|_1$$

である．ただし，Q_1, Q_2 は n 量子ビットに作用する CPTP マップ，$\max_{|\psi\rangle}$ は $2n$ 量子ビット純粋状態に対してとる．

quantum circuit distinguishability が QIP に入ることは，次のように示すことができる[79]．もし YES のとき，ダイヤモンドノルムの定義より，ある状態 $|\psi\rangle$ が存在して，

$$\big\|(Q_1 \otimes I^{\otimes n})(|\psi\rangle\langle\psi|) - (Q_2 \otimes I^{\otimes n})(|\psi\rangle\langle\psi|)\big\|_1 \ge a$$

なので，証明者は $|\psi\rangle$ をつくって検証者に一部送る．検証者は Q_1 か Q_2 どちらかをランダムに選んで送られてきた状態に作用させ，証明者に返す．証明者は検証者に，Q_1 か Q_2 のどちらが作用されたか伝える．もし正しければ検証者は受理することにすると，YES の場合は検証者は高い確率で受理する．一方で，もし NO であるなら，任意の状態 ρ に対し

$$\big\|(Q_1 \otimes I^{\otimes n})(\rho) - (Q_2 \otimes I^{\otimes n})(\rho)\big\|_1 \le b$$

なので，証明者は，Q_1 か Q_2 のどちらが作用されたか高い確率で判定することはで

きない．そのため，検証者が受理する確率は低い．

quantum circuit distinguishability が QIP 困難であることは，前節で紹介した，QIP 困難である close images が quantum circuit distinguishability に帰結できることを示せばよい．これは以下のようにして証明できる[79]．close images の入力の量子回路（を純粋化したもの）を R_0, R_1 とするとき，アンシラ量子ビット $|+\rangle$ を入力 $|\psi\rangle$ に付けて，アンシラをコントロールとするユニタリ演算子

$$|0\rangle\langle 0| \otimes R_0 + |1\rangle\langle 1| \otimes R_1$$

を作用させ，もともとの R_i の出力に相当する量子ビットをトレースアウトする．このような回路を Q_0 としよう．アンシラにさらに Z を作用させる回路を Q_1 とする．すると，もし R_0 と R_1 の出力状態がたがいに近い場合は，アンシラの状態は $|+\rangle$ に近いので，Q_0 と Q_1 の出力は大きく異なる．一方，もし R_0 と R_1 の出力状態がたがいに遠い場合は，アンシラの状態は $I/2$ に近いので，Q_0 と Q_1 の出力は近くなる．このようにして，close images を quantum circuit distinguishability に焼き直すことができる．

8.16 QMAM

QIP(3) は，図 8.1 に示したように，証明者と検証者の間で 3 回量子メッセージをやりとりするプロトコルである．しかし，実は，2 回目の検証者から証明者への量子メッセージは，古典の 1 ビットに置き換えることが可能である[61]．このように，2回目の検証者から証明者へのメッセージが古典の 1 ビットであるような QIP(3) で判定される問題のクラスは QMAM とよばれる[61]．つまり，QIP(3) ＝ QMAM ということである．

まずは，gentle measurement lemma を用いたダイレクトな証明を説明しよう．その後，文献 [61] で与えられているよりシンプルな証明を紹介する．gentle measurement lemma とは，状態 ρ とある $\epsilon \geq 0$ に対し，もし $\mathrm{Tr}(\Lambda\rho) \geq 1 - \epsilon$ なら

$$\frac{1}{2}\left\| \rho - \frac{\sqrt{\Lambda}\rho\sqrt{\Lambda}}{\mathrm{Tr}(\Lambda\rho)} \right\|_1 \leq \sqrt{\epsilon}$$

が成り立つというものである．ただし，$0 \leq \Lambda \leq 1$ は POVM 要素である[75, 101, 102]．

次のような QMAM プロトコルを考えよう．

1. まず，証明者はレジスター P, M, V をもっている．もし証明者が正直な場

合，これらを

$$A_{MV}(|\psi\rangle_{PM} \otimes |0^v\rangle_V)$$

という状態にする（ただし，v は V のサイズである）．もし邪悪な場合，任意の状態 $|\Psi\rangle_{PMV}$ にする．

2. 証明者はレジスター V を検証者に送る．
3. 検証者はランダムビット $s \in \{0, 1\}$ を生成し，証明者に送る．
4. 証明者はレジスター P と M にユニタリ W_{PM} を作用させた後，レジスター M を検証者に送る．ただし，

$$W_{PM} = \begin{cases} I^{\otimes p+m} & (s = 0 \text{ かつ証明者が正直な場合}) \\ B_{PM} & (s = 1 \text{ かつ証明者が正直な場合}) \\ \text{任意} & (\text{証明者が邪悪な場合}) \end{cases}$$

である．

5. 検証者はいま，状態

$$|\Psi'\rangle_{PMV} \equiv W_{PM}|\Psi\rangle_{PMV}$$

のレジスター M と V をもっている．

(1) もし $s = 0$ の場合，検証者はレジスター M と V を

$$\{\Lambda \equiv A_{MV}(I^{\otimes m} \otimes |0\rangle\langle 0|^{\otimes v})A_{MV}^\dagger, I^{\otimes m+v} - \Lambda\}$$

で測定する．もし Λ を得れば受理する．p_{test} を受理確率とする．

(2) もし $s = 1$ の場合，検証者はユニタリ C_{MV} をレジスター M と V に作用させ，出力量子ビットを測定する．もし測定結果が受理なら，受理する．p_{comp} をその受理確率とする．

ある言語 L が $\text{QIP}_{1-2^{-r}, 2^{-r}}(3)$ に入っているとしよう．L は上記の QMAM プロトコルでも判定できることを示そう．

まず，$x \in L$ のときを考える．すぐにわかるように $p_{\text{test}} = 1$ かつ $p_{\text{comp}} \geq 1 - 2^{-r}$ なので，QMAM プロトコルの受理確率は

$$p_{\text{acc}} = \frac{p_{\text{test}}}{2} + \frac{p_{\text{comp}}}{2} \geq \frac{1}{2} + \frac{1 - 2^{-r}}{2} = 1 - 2^{-r-1} \equiv \alpha$$

である．

次に，$x \notin L$ のときを考えよう．ある ϵ に対し，もし $p_{\text{test}} < 1 - \epsilon$ のときは，

$$p_{\text{acc}} = \frac{p_{\text{test}}}{2} + \frac{p_{\text{comp}}}{2} < \frac{1-\epsilon}{2} + \frac{1}{2} = 1 - \frac{\epsilon}{2} \equiv \beta_1$$

となる. もし $p_{\text{test}} \geq 1 - \epsilon$ のときは,

$$p_{\text{test}} = \text{Tr}(\Lambda_{MV}|\Psi'\rangle\langle\Psi'|_{PMV}) \geq 1 - \epsilon$$

なので, gentle measurement lemma より

$$\frac{1}{2}\left\||\Psi'\rangle\langle\Psi'|_{PMV} - \frac{\Lambda_{MV}|\Psi'\rangle\langle\Psi'|_{PMV}\Lambda_{MV}}{\text{Tr}(\Lambda_{MV}|\Psi'\rangle\langle\Psi'|_{PMV})}\right\|_1 \leq \sqrt{\epsilon}$$

であるが, ある状態 $|\eta\rangle$ に対し

$$\frac{\Lambda_{MV}|\Psi'\rangle_{PMV}}{\sqrt{\text{Tr}(\Lambda_{MV}|\Psi'\rangle\langle\Psi'|_{PMV})}} = A_{MV}(|\eta\rangle_{PM} \otimes |0^v\rangle_V) \equiv |\Psi''\rangle_{PMV}$$

なので,

$$\begin{aligned}
p_{\text{comp}} &= \text{Tr}\big(|0\rangle\langle0| \times C_{MV}|\Psi'\rangle\langle\Psi'|_{PMV}C_{MV}^\dagger\big) \\
&= \text{Tr}\big(C_{MV}^\dagger|0\rangle\langle0|C_{MV} \times |\Psi'\rangle\langle\Psi'|_{PMV}\big) \\
&\leq \text{Tr}\big(C_{MV}^\dagger|0\rangle\langle0|C_{MV} \times |\Psi''\rangle\langle\Psi''|_{PMV}\big) + \sqrt{\epsilon} \\
&\leq 2^{-r} + \sqrt{\epsilon}
\end{aligned}$$

を得る. 最後の不等式が成り立つ理由は,

$$C_{MV}|\Psi''\rangle_{PMV} = C_{MV}I_{PM}^{\otimes p+m}A_{MV}(|\eta\rangle_{PM} \otimes |0^v\rangle_V)$$

なので, もとの QIP(3) プロトコルにおいて最初に証明者が用意する状態が $|\eta\rangle_{PM}$ であり, 証明者のユニタリ演算子 B_{PM} が $I_{PM}^{\otimes p+m}$ である場合に対応するからである. よって, QMAM の受理確率は

$$p_{\text{acc}} = \frac{p_{\text{test}}}{2} + \frac{p_{\text{comp}}}{2} \leq \frac{1}{2} + \frac{2^{-r} + \sqrt{\epsilon}}{2} \equiv \beta_2$$

となる. $\epsilon = 1/poly$ とすると,

$$\beta \equiv \max(\beta_1, \beta_2) = \max\left(1 - \frac{\epsilon}{2}, \frac{1}{2} + \frac{2^{-r} + \sqrt{\epsilon}}{2}\right) = 1 - \frac{\epsilon}{2}$$

であり,

$$\alpha - \beta = (1 - 2^{-r-1}) - \left(1 - \frac{\epsilon}{2}\right) = \frac{\epsilon}{2} - 2^{-r-1} \geq \frac{1}{poly}$$

となる．したがって，L は QMAM に入る．

次に，文献 [61] で与えられたよりシンプルな証明を紹介しよう．証明者は $s = 0$ を得たときはユニタリ演算子 D_{PM} を，$s = 1$ を得たときはユニタリ演算子 E_{PM} を作用させるとすると，

$$p_{\text{test}} = \max_{|\xi\rangle, D, |\Psi\rangle} \left| (\langle 0^v| \otimes \langle \xi|) A_{MV}^\dagger D_{PM} |\Psi\rangle_{PMV} \right|^2$$

であり，

$$p_{\text{comp}} = \max_{|\eta\rangle, E, |\Psi\rangle} \left| (\langle 0| \otimes \langle \eta|) C_{MV} E_{PM} |\Psi\rangle_{PMV} \right|^2$$

なので，

$$\begin{aligned}
p_{\text{acc}} &= \frac{p_{\text{test}}}{2} + \frac{p_{\text{comp}}}{2} \\
&= \frac{1}{2} + \frac{1}{2} \max_{|\xi\rangle, |\eta\rangle, D, E} \left| (\langle 0| \otimes \langle \eta|) C_{MV} E_{PM} D_{PM}^\dagger A_{MV} (|0^v\rangle \otimes |\xi\rangle) \right| \\
&\leq \frac{1}{2} + \frac{\sqrt{2^{-r}}}{2}
\end{aligned}$$

となる．ただし，ここで任意の $|\psi\rangle$ に対し，

$$|\langle \xi|\psi\rangle|^2 + |\langle \eta|\psi\rangle|^2 \leq 1 + |\langle \eta|\xi\rangle|$$

が成り立つことを使った．実際，$\{|\xi\rangle, |\eta\rangle\}$ で張られる空間の正規直交基底として $\{|\xi\rangle, |\xi^\perp\rangle\}$ をとり，

$$|\eta\rangle = \langle \xi|\eta\rangle |\xi\rangle + \sqrt{1 - |\langle \xi|\eta\rangle|^2} |\xi^\perp\rangle$$

と書くと，$|\xi\rangle\langle\xi| + |\eta\rangle\langle\eta|$ の最大固有値が $1 + |\langle \xi|\eta\rangle|$ であることが証明できる．

8.17 QIP = QIP(3) の証明

前節の QIP(3) = QMAM の証明を拡張すると，$k \geq 4$ となる任意の多項式 k に対し QIP(k) = QIP(3) が示せる[44, 95]．簡単のため，$k = 7$ を考えよう（ほかの k についても同様に示せる）．QIP(7) において，最後に検証者が測定する直前の状態は

$$G_{MV} F_{PM} E_{MV} D_{PM} C_{MV} B_{PM} A_{MV} (|\psi\rangle_{PM} \otimes |0^v\rangle_V)$$

である．

次のような QIP(5) プロトコルを考えよう．まず，証明者は $|\Psi\rangle_{PMV}$ をつくり，V を検証者に送る．もし証明者が正直な場合，

$$|\Psi\rangle_{PMV} = C_{MV} B_{PM} A_{MV} (|\psi\rangle_{PM} \otimes |0^v\rangle_V)$$

である．次に，検証者はランダムビット $s \in \{0, 1\}$ を送る．$s = 0$ のとき，証明者と検証者はもとの QIP(7) プロトコルを続ける．検証者は最後に出力量子ビットを測定し，受理なら受理する．$s = 1$ のとき，証明者と検証者はもとの QIP(7) プロトコルを逆にして続ける．検証者は，最後にレジスター V の各量子ビットを計算基底で測定し，すべて $|0\rangle$ が出たら受理する．

この QIP(5) プロトコルは，QIP(7) をシミュレートできることが次のようにしてわかる．$x \in L$ のときは明らかである．$x \notin L$ のとき，受理確率は

$$\frac{1}{2} \max_{|\xi\rangle, D, F, |\Psi\rangle} \left| (\langle 0| \otimes \langle \xi|) G_{MV} F_{PM} E_{MV} D_{PM} |\Psi\rangle_{PMV} \right|^2$$
$$+ \frac{1}{2} \max_{|\eta\rangle, B, |\Psi\rangle} \left| (\langle 0^v| \otimes \langle \eta|) A_{MV}^{\dagger} B_{PM} C_{MV}^{\dagger} |\Psi\rangle_{PMV} \right|^2$$
$$\leq \frac{1}{2} + \frac{1}{2} \max_{|\xi\rangle, D, F, |\eta\rangle, B} \left| (\langle 0| \otimes \langle \xi|) G_{MV} F_{PM} E_{MV} D_{PM} C_{MV} B_{PM}^{\dagger} A_{MV} (|0^v\rangle \otimes |\eta\rangle)) \right|$$
$$\leq \frac{1}{2} + \frac{s}{2}$$

となる．このようにして，ラウンドの回数を半分にすることができる．これを繰り返せば，QIP(3) にすることができる．

第9章

超量子計算

この章では，量子論を拡張した理論に基づく，量子計算よりも強い計算（超量子計算）について考える．まず，そのような計算を考えるモチベーションについて述べた後，重要な基礎知識である #P 関数と GapP 関数について説明する．そして，GapP 関数と量子計算の関係について述べた後，超量子計算の研究においてよく出てくる計算量クラスである PP を説明する．最後に，超量子計算の具体的な例として，ポストセレクション，AWPP，レジスターの都合のよい削除，CTC を紹介する．また，超量子的過程で生成された状態は検証できないことを示す．

9.1 モチベーション

具体的な例に入る前に，まず，なぜ量子計算よりも強い計算を考える必要があるのかという理由について説明する．

そもそも，計算機科学（とくに計算量理論）においては，さまざまな計算モデルや計算量クラスを考えるのは至極当然のことなので，超量子計算について考えることはなんの不思議もない（むしろ，計算機科学者にとっては量子かそうでないかのみで区別するほうが不自然であろう）．また，現在の設定では解けなさそうな問題があるときに，設定を少し変えて，現在の設定では実現不可能なことも許せば，その難しい問題が解けるようになるのかどうかを調べることは，アルゴリズムの限界を調べたり，新しいアルゴリズムのアイデアを発見したりするうえでも有用である．たとえば，計算機科学ではオラクルという概念がある．これは，ある計算はサブルーチン化され，1ステップでできると仮定するものである．実際には，このサブルーチンの部分には多くの時間が掛かるかもしれないので，1ステップでできるというのは非現実的な仮定であるが，そのような能力を仮定することで非常に多くの重要な結果が得られてきている．また，第6章で説明した非決定性遷移という動作も，非現実的なものではあるが，NP を含む多くの計算量，またアルゴリズムの研究などにおいて非常に重要な役割を果たしている．

　また，超量子計算の研究は，量子計算機は何ができて何ができないのかという，量子計算機の能力の上限を知ることにもつながる．量子計算機は「すごい」といっても，どんな問題でも解けるわけではなく，いくつかの古典計算量クラスで上界を抑えられる（たとえば，第6章で見たように，PSPACE で上から抑えられる．また，この章で見るように，AWPP という古典のクラスでも上から抑えられる）．そのため，量子計算よりも強力な計算について研究することにより，量子計算の能力の限界を知ることができる．人類がつくりうる最も強力な計算機とは何かという本質的に重要な問題を考えたとき，物理法則に反するものはつくれないわけなので，現在最も正しいとされている物理理論である量子論に基づいて動作する量子計算機は，ある意味現在のところ人類がつくりうる最も強力な計算機である．その最も強力な計算機の能力の上限を知ることは，いうまでもなく，計算機科学の発展にとって非常に重要である．

　以上が，超量子計算を研究する計算機科学的なモチベーションの例であろう．一方，超量子計算を考えるのには，物理学的にも多くのモチベーションがある．ここでは，例として二つ述べよう．

　まず，第10章で見るように，実は量子計算よりも強力な計算を研究すると，量子計算よりも弱い計算の理解にも役立つのである．たとえば，量子計算と古典計算の境界を解明することは，計算機科学だけでなく，物理学にとっても重要な問題であるが，その問題に取り組む一つの方法として，ユニバーサル量子計算機ではないが，古典計算機よりは強力に見える計算モデルを考えることがある．このようなモデルは非ユニバーサル量子計算モデルとよばれているが，それらが真に古典計算機よりも強力であることを証明するときには，BQP より上のクラスを利用するのである（これについては，第10章で詳しく見る）．

　また，量子計算よりも強力な計算を研究することは，量子論の基礎においても重要である．よく知られているように，物理学においては no-signaling 原理という重要な仮説がある．これは，アリスとボブがある物理系を共有しているときに，アリスが自分の部分系にどんな操作をしても，ボブには情報を伝えることができないというものである．

　より正確にいうと，no-signaling 原理とは次のようなものである（図 9.1）．いま，アリスとボブが何か物理系（古典系，量子系，あるいは未知の物理理論に従う系）を共有しているとする．アリスが自分の部分系に行う測定の集合を X とする．そして，測定結果の集合を A とする．同様に，ボブが自分の部分系に行う測定の集合を Y，測定結果の集合を B とする．このとき，アリスからボブへ no-signaling であるとは，すべての $b \in B,\ x,\ x' \in X,\ y \in Y$ に対し，

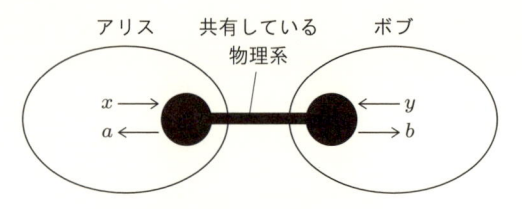

図 9.1　no-signaling 原理

$$P(b|x,y) = P(b|x',y)$$

が成り立つことをいう．つまり，アリスが測定方法を変えても，ボブが得る値の確率分布は変化しない（つまり，ボブ側には目に見える変化が生じない）ため，アリスはボブに情報を伝えられないということである．同様に，ボブからアリスへ no-signaling であるとは，すべての $a \in A,\, x \in X,\, y,\, y' \in Y$ に対し，

$$P(a|x,y) = P(a|x,y')$$

が成り立つことである．

　物理学においては，no-signaling 原理は正しい仮説であると強く信じられており，実際，すべての物理理論はこの no-signaling 原理に基づいてできているため，もし no-signaling 原理が正しくないと判明すれば，現在の物理は根本から崩壊してしまう．量子論も当然 no-signaling 原理を満たしている．たとえば，最大エンタングル状態

$$\frac{1}{\sqrt{2}}(|0\rangle_A \otimes |0\rangle_B + |1\rangle_A \otimes |1\rangle_B)$$

をアリスとボブが共有しているとしよう．量子ビット A はアリスがもち，量子ビット B はボブがもっているとする．このとき，アリスが自分の量子ビットにどんな測定をしても，ボブのもっている状態は $I/2$ であるため，

$$P(b|x,y) = \mathrm{Tr}\left(M_y^b \frac{I}{2}\right) = P(b|x',y)$$

となる．ここで，M_y^b は測定 y，結果 b に対応する POVM 要素である．したがって，アリスからボブに情報を伝えることはできない．

　実は，量子論は no-signaling 原理から一意に導けないことが知られている（no-signaling 原理に加えていくつかの仮定をおけば量子論が導かれる）．たとえば，no-signaling 原理を満たすにもかかわらず，量子論よりも強い相関が実現できるような物理理論の例（PR-box）[76] が発見されている．これまで見てきたように，

量子論は非常に奇妙な形をした理論である．「なぜ量子論がこのような奇妙な形を
しているのか？」という問いは長年物理学者が興味をもってきた重要な問題である．
もし no-signaling 原理から一意に導かれるのであれば，このような形をしている理
由が一応納得できるのであるが，一意には導かれないため，なぜこのような形をし
ているのかという問題に対して確定的な解がない．それに対するアプローチは多く
試みられているが，その中の一つに，計算量理論に基づく方法がある．たとえば，量
子論を拡張した理論に基づいて動作する計算機の計算能力を調べてみて，それが異
常に強いものであったとすれば，そのような量子論の拡張は不自然であるというこ
とが結論づけられ，したがって，量子論はこのような形をしていなければならない
のであると「説明」できるのである．

9.2 #P 関数，GapP 関数

　超量子計算を研究するうえで重要なツールとして，#P 関数と，それを拡張した
GapP 関数[26]というものがある．この節ではそれらを定義し，その性質と，量子計
算との関係について説明する．#P 関数や GapP 関数は，もともとは量子計算とは
何の関係もない古典計算量理論において導入され，研究されてきた．しかし，9.3 節
で見るように，量子計算の受理確率は GapP 関数を用いて表すことができるため，
量子計算においてもよく利用されるようになったのである．

　まずは，FP 関数を定義しよう．

定義 $\mathbb{Z}$ を整数の集合とするとき，関数 $f\colon \{0,1\}^* \to \mathbb{Z}$ が FP であるとは，任意
の $x \in \{0,1\}^*$ に対し，$f(x)$ が多項式時間チューリングマシンで計算できること
である．

　つまり，FP というのは古典計算機で「簡単に計算できる」関数の集合である．次
に，#P 関数を定義しよう．

定義 関数 $g\colon \{0,1\}^* \to \mathbb{Z}$ が #P であるとは，ある多項式時間非決定性チュー
リングマシン M が存在して，任意の $x \in \{0,1\}^*$ に対し，

$$g(x) = A_M(x)$$

が成り立つことである．ただし，$A_M(x)$ は x を入力としたときのマシン M の受
理のパスの数である．

定義より，#P 関数は負の値をとれないことがわかる．では，最後に GapP 関数を定義しよう．

定義 関数 $g : \{0,1\}^* \to \mathbb{Z}$ が GapP であるとは，ある多項式時間非決定性チューリングマシン M が存在して，任意の $x \in \{0,1\}^*$ に対し，

$$g(x) = A_M(x) - R_M(x)$$

が成り立つことである．ただし，$A_M(x)$ は x を入力としたときのマシン M の受理のパスの数，$R_M(x)$ は拒否のパスの数である．

定義からわかるように，GapP 関数は #P 関数と異なり，負の値もとることができる．また，GapP 関数の定義における多項式時間非決定性チューリングマシンは，必ずしもすべてのパスの長さが等しいものではない．しかし，任意の GapP 関数 g に対し，常に

$$g(x) = \frac{1}{2}(A_N(x) - R_N(x))$$

を満たし，さらにすべてのパスの長さが等しいような多項式時間非決定性チューリングマシン N をつくることができる．ここで，$A_N(x)$ は N が入力 x に対し受理するパスの数，$R_N(x)$ は拒否するパスの数である．実際，g に対応する多項式時間非決定性チューリングマシンを M としよう（図 9.2 (a)）．図において，a は受理（accept），r は拒否（reject）を表す．そして，M の各パスを適切に伸ばすことにより，すべてのパスの長さを等しくし，かつ，伸ばしてできた多数のパスについては，一つのみ伸ばす前の受理・拒否と等価にし，それ以外はすべて受理にするような多項式時間非決定性チューリングマシン M_1 をつくる（図 9.2 (b)）．また，M の各パスを適切に伸ばすことにより，すべてのパスの長さを等しくし，かつ，伸ばしてできた多数のパスについては，一つのみ伸ばす前の受理・拒否と等価にし，それ以外はすべて拒否にするような多項式時間非決定性チューリングマシン M_2 をつくる（図 9.2 (c)）．N は，まず二つの枝に非決定性遷移し，一つの枝では M_1 を，もう一つの枝では M_2 をシミュレートする．すると，明らかに，

$$A_N(x) - R_N(x) = 2(A_M(x) - R_M(x)) = 2g(x)$$

である．

さて，それでは GapP 関数の性質について説明しよう．まず，指数関数個の GapP

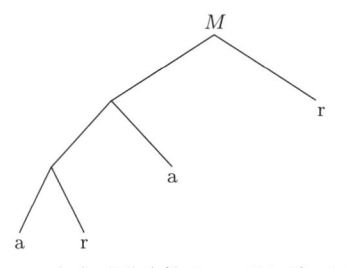

（a）非決定性チューリングマシン M

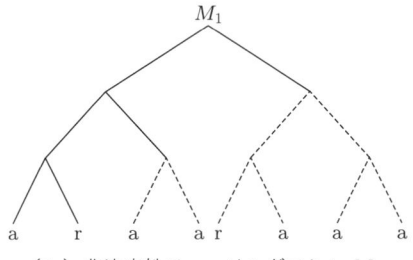

（b）非決定性チューリングマシン M_1

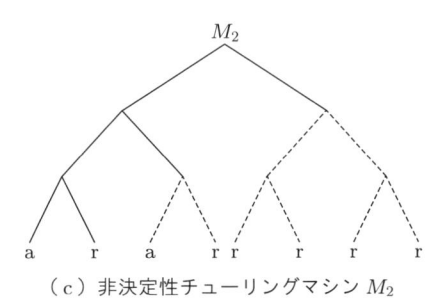

（c）非決定性チューリングマシン M_2

図 9.2　すべてのパスの長さが等しい非決定性チューリングマシン N のつくり方

関数を足したものも GapP 関数である．実際，g_i $(i = 1, 2, \ldots, 2^r)$ が GapP 関数であるとしよう（ただし，r はある多項式である）．すると，各 g_i に対し，多項式時間非決定性チューリングマシン M_i が存在して，

$$g_i(x) = A_{M_i}(x) - R_{M_i}(x)$$

となる．まずは 2^r 個の枝に非決定的に分かれて，そこからそれぞれ M_i をシミュレートするような多項式時間非決定性チューリングマシン N を考えると，

$$A_N(x) - R_N(x) = \sum_{i=1}^{2^r} A_{M_i}(x) - \sum_{i=1}^{2^r} R_{M_i}(x) = \sum_{i=1}^{2^r} g_i(x)$$

となるので，$\sum_{i=1}^{2^r} g_i(x)$ も GapP 関数である．

　また，多項式個の GapP 関数を掛けたものも GapP 関数である．簡単のため，まず二つの GapP 関数の積が GapP 関数であることを示そう．いま，g_i $(i=1, 2)$ が GapP 関数であるとしよう．すると，各 g_i に対し，多項式時間非決定性チューリングマシン M_i が存在して，

$$g_i(x) = A_{M_i}(x) - R_{M_i}(x)$$

となる．まず，M_1 を走らせて，それが終われば M_2 を走らせるような多項式時間非決定性チューリングマシン N を考えよう．M_1 の結果と M_2 の結果が等しい場合は，N の結果は受理とする．それ以外の場合は N の結果は拒否とする．例を図 9.3 に示す．この例の場合，たとえば一番左のパスにおいては，M_1 の結果が受理，M_2 の結果も受理なので，最終結果は受理とする．一方で，一番右のパスにおいては，M_1 の結果が受理，M_2 の結果が拒否なので，最終結果は拒否とする．すると，

$$\begin{aligned}
g_1(x)g_2(x) &= (A_{M_1}(x) - R_{M_1}(x))(A_{M_2}(x) - R_{M_2}(x)) \\
&= (A_{M_1}(x)A_{M_2}(x) + R_{M_1}(x)R_{M_2}(x)) \\
&\quad - (A_{M_1}(x)R_{M_2}(x) + A_{M_2}(x)R_{M_1}(x)) \\
&= A_N(x) - R_N(x)
\end{aligned}$$

となるので，$g_1 g_2$ は GapP 関数である．これを繰り返していけば，任意の多項式個の GapP 関数の積が GapP 関数となることが示せる．GapP 関数の定義における非決定性チューリングマシンは多項式時間なものでないといけないので，この証明方法では，指数関数個の GapP 関数の積が GapP 関数になるという証明はできない

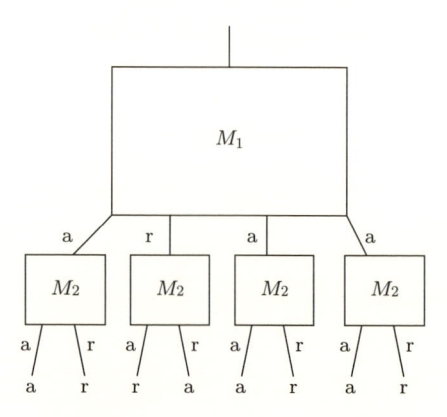

図 9.3　非決定性チューリングマシンを順番に走らせる

ことにも気付くだろう（指数関数個の多項式時間非決定性チューリングマシンを縦に並べると，その計算時間は指数関数になってしまう）．

　最後に，任意の GapP 関数は #P 関数と FP 関数の差で書けることを示そう．g を GapP 関数とすると，ある多項式時間非決定性チューリングマシン M が存在して，

$$g(x) = A_M(x) - R_M(x)$$

である（図 9.4 (a)）．いま，M の最も長いパスの長さを q とするとき，ほかのパスをそれぞれ適切に伸ばして，すべてのパスの長さを q にしよう．伸ばしたパスについては，伸ばす前が受理なら，伸ばした先はすべて受理にし，もし伸ばす前が拒否なら，一つだけ拒否にしてほかはすべて受理にする（図 9.4 (b)）．このようにしてつくられた多項式時間非決定性チューリングマシンを M' とする．まず二つの分岐に分かれて，各分岐でそれぞれ M と M' をシミュレートする多項式時間非決定性チューリングマシンを N とする．すると，

$$g(x) = A_M(x) - R_M(x) = A_M(x) - R_{M'}(x)$$
$$= A_M(x) - (2^q - A_{M'}(x)) = A_M(x) + A_{M'}(x) - 2^q = A_N(x) - 2^q$$

なので，g は「(#P 関数) − (FP 関数)」の形で表されている．同様の証明により，GapP 関数を「(FP 関数) − (#P 関数)」の形に書くこともできることがすぐにわかる．

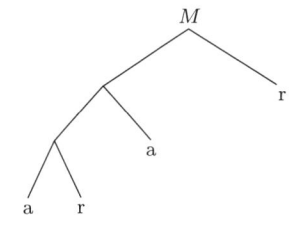

（a）非決定性チューリングマシン M

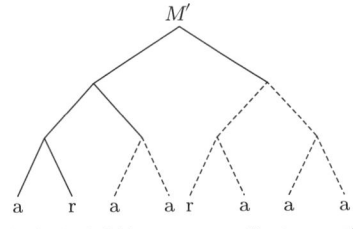

（b）非決定性チューリングマシン M'

図 9.4　パスの伸ばし方

9.3　GapP 関数と量子計算の関係

　面白いことに，このように一見量子と何の関係もないように見える GapP 関数は，実は量子計算の受理確率と重要な関係がある．まず，任意の GapP 関数 g が与えられたとしよう．それに対応する多項式時間非決定性チューリングマシンが，高々 r ステップで停止するとする．ここで，r はある多項式である．すると，ある多項式

時間量子計算機が存在して，その受理確率 $p_{\mathrm{acc}}(x)$ は

$$p_{\mathrm{acc}}(x) = \frac{g^2(x)}{2^{2r(|x|)+1}}$$

を満たす[27].

証明 9.2節で説明したように，GapP 関数 g が与えられると，

$$g(x) = \frac{1}{2}(A_M(x) - R_M(x))$$

となるすべてのパスの長さが等しい多項式時間非決定性チューリングマシン M が存在する．これは，すべてのパスが $r+1$ ステップで停止する．各パスを $r+1$ ビット列でラベル付ける．次のような量子計算を考えよう．まず，$|0\rangle_1^{\otimes r+1}$ を用意し，$H^{\otimes r+1}$ を作用させて

$$\frac{1}{\sqrt{2^{r+1}}} \sum_{y \in \{0,1\}^{r+1}} |y\rangle_1$$

をつくる．これに $|0\rangle_2$ をくっつけ，

$$\frac{1}{\sqrt{2^{r+1}}} \sum_{y \in \{0,1\}^{r+1}} |y\rangle_1 \otimes |f(x,y)\rangle_2$$

をつくる．ここで，$f(x,y) \in \{0,1\}$ は M を入力 x のもと，パス y 上で計算したときの結果である．0 が受理，1 が拒否とする．この状態を $|+\rangle^{\otimes r+1}|-\rangle$ に射影したときが量子計算の受理であるとすると，受理確率は

$$\left[\frac{1}{\sqrt{2^{r+1}}} \frac{1}{\sqrt{2^{r+2}}} \left(\sum_{y:f(x,y)=0} - \sum_{y:f(x,y)=1} \right) \right]^2 = \frac{(2g(x))^2}{2^{2r+3}} = \frac{g(x)^2}{2^{2r+1}}$$

となる．□

逆に，任意の多項式時間量子計算機が与えられたとしよう．それは r ステップで停止するとする．ここで，r はある多項式である．このとき，ある GapP 関数 g が存在し，

$$p_{\mathrm{acc}}(x) = \frac{g(x)}{2^{r(|x|)}}$$

が成り立つ[28].ここで，$p_{\mathrm{acc}}(x)$ はその量子計算機の入力 x のときの受理確率である．

証明 まず，与えられた量子計算を次のように表そう．

1. 初期状態は 1 番目の要素のみが 1 で，ほかがすべて 0 である 2^n 次元ベクトルである．

2. このベクトルに，要素が $\{0, \pm 1/\sqrt{2}\}$ のみからなる $2^n \times 2^n$ 行列を r 回作用させる.
3. こうして得られるベクトルの1番目の要素 c_1 に対し，c_1^2 が受理確率である.

これは，以下と等価である.

1. 初期状態は1番目の要素のみが1で，ほかがすべて0である 2^n 次元ベクトルである.
2'. このベクトルに，要素が $\{0, \pm 1\}$ のみからなる $2^n \times 2^n$ 行列を r 回作用させる.
3'. こうして得られるベクトルの1番目の要素 c_1 に対し，$2^{-r} c_1^2$ が受理確率である.

c_1^2 は GapP 関数であることは，以下のようにしてわかる．まず行列の要素 $\{0, \pm 1\}$ は当然すべて FP 関数なので，したがって GapP 関数である．また，計算機の初期状態はベクトルの1番目の要素のみが1でほかがすべて0なので，初期状態のベクトルの要素もすべて GapP 関数である．そして，簡単にわかるように，c_1 は GapP 関数の多項式個の積の指数関数個の和からなる（行列を1回掛けると，1回の積と指数関数回の和が行われる）．したがって，c_1 は GapP 関数であり，$g \equiv c_1^2$ も GapP 関数である．これより，受理確率は $2^{-r} g$ となる. □

9.4 PP

BQP より上にあるクラスとして，量子計算でよく出てくるのが PP である．これは，もともとは古典計算量理論において研究されてきたクラスであるが，次節で説明するポストセレクションクラスとも関連するため，量子計算においても重要なクラスである．本節では，PP のさまざまな等価な定義を紹介する．

PP は GapP 関数を用いて，次のように定義される.

定義 ある言語 L が PP に入るとは，GapP 関数 g が存在して，

1. $x \in L$ のとき，$g(x) \geq 0$
2. $x \notin L$ のとき，$g(x) < 0$

を満たすことである.

---

g に対応する非決定性チューリングマシンを M とし，入力 x に対し M が受理するパスの数を $A_M(x)$，入力 x に対し M が拒否するパスの数を $R_M(x)$ とすると，

$$g(x) = A_M(x) - R_M(x)$$

なので，

$$g(x) \geq 0 \Leftrightarrow A_M(x) \geq R_M(x)$$
$$\Leftrightarrow \frac{A_M(x)}{A_M(x) + R_M(x)} \geq \frac{1}{2}$$

と

$$g(x) < 0 \Leftrightarrow A_M(x) < R_M(x)$$
$$\Leftrightarrow \frac{A_M(x)}{A_M(x) + R_M(x)} < \frac{1}{2}$$

が成り立つ. つまり, PP は, 以下のようにも定義できる.

定義 ある言語 L が PP に入るとは, 多項式時間非決定性チューリングマシンが存在して,

1. $x \in L$ のとき, 受理パスの割合が $\geq 1/2$
2. $x \notin L$ のとき, 受理パスの割合が $< 1/2$

を満たすことである.

さらに, PP は確率的チューリングマシンでも定義できる.

定義 ある言語 L が PP に入るとは, 多項式時間確率的チューリングマシンが存在して,

1. $x \in L$ のとき, 受理確率 $\geq 1/2$
2. $x \notin L$ のとき, 受理確率 $< 1/2$

を満たすことである.

これは一見すると,「BPP と同じではないか. BPP のときと同様に, 多項式回計算を繰り返して多数決をとれば, 成功確率を 1 に近づけることができるのでは?」と思うかもしれない. しかし, この場合, $\geq 1/2$ か $< 1/2$ かしか要請していないので, たとえばある非常に大きい多項式 r に対し,

1. $x \in L$ のとき, 受理確率 $1/2$
2. $x \notin L$ のとき, 受理確率 $1/2 - 2^{-r}$

ということもありうる. このように, 指数関数的に小さい差は, BPP のような多項

式回の多数決では定数に増幅できない．実際，PP は BPP よりもはるかに「難し
い」と考えられているクラスである（たとえば，9.5 節で見るように，PP は多項式
時間量子計算機でも解けないだろうと信じられている）．

確率的チューリングマシンを用いたこの PP の定義がほかの PP の定義と等価で
あることは，次のようにして証明できる．まず，確率的チューリングマシンを用いた
定義が満たされるなら，非決定性チューリングマシンを用いた定義が満たされるの
は明らかである．なぜなら，確率的チューリングマシンをそのまま非決定性チュー
リングマシンだと思えばよい．逆に，GapP 関数を用いた PP の定義が成り立つと
しよう．つまり，ある GapP 関数 g が存在して，

1. $x \in L$ のとき，$g(x) \geq 0$
2. $x \notin L$ のとき，$g(x) < 0$

が成り立つ．すると，すべてのパスの長さが等しいような多項式時間非決定性チュー
リングマシン N が存在して，

$$A_N(x) - R_N(x) = 2g(x)$$

が成り立つ．この非決定性チューリングマシン N を多項式時間確率的チューリング
マシンだと思うと，受理確率は

$$\frac{A_N(x)}{A_N(x) + R_N(x)}$$

なので，$g(x) \geq 0$ のときは $\geq 1/2$，$g(x) < 0$ のときは $< 1/2$ となる．

さらに，確率的チューリングマシンを用いた PP の定義は，確率的チューリング
マシンを量子計算機に置き換えても等価である．つまり，次のようにも定義できる．

定義　ある言語 L が PP に入るとは，多項式時間一様生成可能量子回路族が存在
して，

1. $x \in L$ のとき，受理確率 $\geq 1/2$
2. $x \notin L$ のとき，受理確率 $< 1/2$

を満たすことである．

実際，確率的チューリングマシンを用いた定義を満たすなら，量子計算機を用いた
定義を満たすのは明らかである．逆に，量子計算機を用いた定義を満たすとき，量

子計算と GapP 関数の関係より，ある GapP 関数 g と多項式 r が存在して，

1. $x \in L$ のとき，$g(x)/2^r \geq 1/2$
2. $x \notin L$ のとき，$g(x)/2^r < 1/2$

が成り立つ．ここで，

$$h(x) \equiv 2g(x) - 2^r$$

とおけば，$h(x)$ は GapP 関数であり，

1. $x \in L$ のとき，$h(x) \geq 0$
2. $x \notin L$ のとき，$h(x) < 0$

となる．

さらに，PP は次のようにも定義できる．

定義 ある言語 L が PP に入るとは，ある #P 関数 g と FP 関数 f が存在して，

1. $x \in L$ のとき，$g \geq f$
2. $x \notin L$ のとき，$g < f$

を満たすことである．

実際，この定義が満たされていると仮定すると，$h \equiv g - f$ とおけば h は GapP 関数なので，GapP 関数による PP の定義を満たす．逆に，確率的チューリングマシンによる PP の定義が満たされると仮定すると，受理確率をある #P 関数 g とある多項式 r を用いて $g/2^r$ と書けば，

1. $x \in L$ のとき，$g(x)/2^r \geq 1/2$
2. $x \notin L$ のとき，$g(x)/2^r < 1/2$

つまり，

1. $x \in L$ のとき，$2g \geq 2^r$
2. $x \notin L$ のとき，$2g < 2^r$

となる．$2g$ は #P 関数であり，2^r は FP 関数である．

また，PP は二つの GapP 関数を用いて，次のようにも定義できる[58]．

> **定義** ある言語 L が PP に入るとは，ある GapP 関数 $f\ (f>0),\ g$ が存在して，任意の多項式 r に対し，
>
> 1. $x \in L$ のとき，$1-2^{-r} \le g(x)/f(x) \le 1$
> 2. $x \notin L$ のとき，$0 \le g(x)/f(x) \le 2^{-r}$
>
> を満たすことである．

実際，この定義が満たされているなら，たとえば

1. $x \in L$ のとき，$3/4 \le g(x)/f(x) \le 1$
2. $x \notin L$ のとき，$0 \le g(x)/f(x) \le 1/4$

が成り立つので，$h \equiv 2g - f$ とおくと h は GapP 関数であり，

1. $x \in L$ のとき，$h(x) = 2g(x) - f(x) \ge (3/2)f(x) - f(x) \ge 0$
2. $x \notin L$ のとき，$h(x) = 2g(x) - f(x) \le (1/2)f(x) - f(x) < 0$

が成り立つ．また，逆に $L \in$ PP のとき，次節で示すように，任意の多項式 r に対し，ある多項式時間一様生成可能量子回路族が存在して，各回路は $(o,p) \in \{0,1\}^2$ の 2 ビットを出力し，$P(p=1) > 0$ かつ

1. $x \in L$ のとき，$1-2^{-r} \le P(o=1,p=1)/P(p=1) \le 1$
2. $x \notin L$ のとき，$0 \le P(o=1,p=1)/P(p=1) \le 2^{-r}$

が成り立つ．量子計算機の出力確率と GapP 関数の関係を使えば，ある多項式 $s,\ t$ と GapP 関数 $g,\ f$ が存在して，

$$P(o=1,p=1) = \frac{g}{2^s}, \qquad P(p=1) = \frac{f}{2^t}$$

が成り立つので，これを代入すれば

1. $x \in L$ のとき，$1-2^{-r} \le 2^t g(x)/2^s f(x) \le 1$
2. $x \notin L$ のとき，$0 \le 2^t g(x)/2^s f(x) \le 2^{-r}$

となり，$2^t g(x),\ 2^s f(x)$ は GapP 関数である．

9.5　postBQP

量子論を超える理論に基づく計算のまず最初の例として，ポストセレクション（postselection）が可能な計算というものを考えよう．

量子論においては，一般には，測定結果は確率的にゆらぐので，望みの結果を確率1で得ることはできない．しかし，それが可能であるという架空の能力がポストセレクションとよばれるものである．ポストセレクションは非常に強力な能力であり，たとえば，ポストセレクションを使えば光速を超えて情報を伝えることができてしまう．いま，アリスとボブが最大エンタングル状態

$$\frac{1}{\sqrt{2}}(|0\rangle_A \otimes |0\rangle_B + |1\rangle_A \otimes |1\rangle_B)$$

を共有しているとしよう．9.1節で述べたように，通常の量子論であれば，アリスが何をしてもボブの状態は $I/2$ なのでアリスはボブに情報を伝えることはできない．しかし，もしアリスがポストセレクションできるならば，アリスは0を伝えたければ，自分の量子ビットを $|0\rangle$ にポストセレクトすれば，状態は $|0\rangle_A \otimes |0\rangle_B$ となるので，ボブの状態は $|0\rangle$ となる．ボブは自分の量子ビットを測定すれば，確率1で0を得るので，アリスが伝えたかったビット値を確率1で知ることができる．同様に，もしアリスが1を伝えたければ，自分の量子ビットを $|1\rangle$ にポストセレクトすればよい．このように，ポストセレクションは「非物理的」な能力ではあるが，これから見ていくように，ポストセレクションを仮定した計算を考えてみるといろいろと面白い結果が得られるため，量子計算において非常に有用な概念として頻繁に使われている．また，第10章で見るように，ポストセレクションは非ユニバーサル量子計算が古典計算機よりも優れていることを示す際にも用いられる．

ポストセレクションの能力が追加された量子計算機が多項式時間で解ける問題のクラスは postBQP とよばれ，Aaronson により定義された[2]．

定義　言語 L が postBQP に入るとは，多項式時間一様生成可能量子回路族 $\{V_x\}_x$ が存在して，各 V_x は二つの出力（$o, p \in \{0,1\}$）をもち，

$$P(o=1|p=1) \begin{cases} \geq 2/3 & (x \in L) \\ \leq 1/3 & (x \notin L) \end{cases}$$

を満たすことである．

ただし，技術上の理由により，ある多項式 s が存在して常に $P(p=1) \geq 2^{-s}$ が成り立つことも仮定する．また，BPP や BQP と同様に，$(2/3, 1/3)$ の値は任意の $a-b \geq 1/poly$ となる $0 \leq b < a \leq 1$ に置き換えても等価である．

postBQP = PP であることが Aaronson により証明された[2]（GapP 関数による PP の定義に基づいた別証明については，文献 [70] を参照）．また，

$$BQP \subseteq QMA \subseteq PP$$

なので，もし BQP = PP だと QMA = PP となるが，文献 [96] において，QMA = PP だと PH が PP に含まれることが証明されている．これは起こらないだろうと思われているため，BQP = PP も起こらないだろうと考えられる．つまり，ポストセレクションという能力は，量子計算機の計算能力を非常に強力なものに押し上げるのである．

9.6 postBPP

BPP のポストセレクション版である postBPP も，postBQP と同様にして定義することができる（postBQP の定義において，量子計算の箇所を確率的古典計算に変えればよい）．実は，postBPP は BPP_{path} というクラスと等価であることが証明できる（証明は後で行う）．ここで，BPP_{path} は文献 [37] において導入されたクラスであり，次のように定義される．

定義 言語 L が BPP_{path} に入るとは，ある多項式時間非決定性チューリングマシンが存在して，

$$\frac{\text{受理のパスの数}}{\text{すべてのパスの数}} \begin{cases} \geq 2/3 & (x \in L) \\ \leq 1/3 & (x \notin L) \end{cases}$$

を満たすことである．

これは BPP の定義とどこが異なるのだろうか？ 「受理するパスの割合，つまり (受理するパスの数)/(すべてのパスの数) は受理確率と等しいから，BPP と BPP_{path} は同じではないか？」と思うかもしれない．実際，すべての計算パスの長さが同じであれば，確かに，「受理するパスの割合 = 受理確率」となるので，そのとおりである．しかし，計算パスの長さが異なるときは，必ずしもそうではない．

図 9.5 のような計算パスをもつ確率的古典計算を考えてみよう．確率 $1/2$ で二つのうちのどちらかに遷移するような確率的遷移を k 回行っている．a は受理（accept）， r は拒否（reject）を表し，一番左のパスのみが受理である．したがって，この計算の受理確率は 2^{-k} である．この受理確率を大きくすることはできないだろうか？図 9.6 のように，受理のパスだけをさらに伸ばしてみよう．つまり，もともとのパスが受理のときのみ，さらに計算を s ステップ続けて，その計算終了時にはすべてのパスを受理にするような計算を考えよう．受理パスの数は 2^s 倍に増えるので，受理確率も増えそうに見えるが，それぞれのパスの確率が 2^{-s} 倍されているので，結局受理確率は $2^{-k} \times 2^s \times 2^{-s} = 2^{-k}$ のままである．しかし，$\mathrm{BPP}_{\mathrm{path}}$ の場合，受理確率ではなく，受理するパスの割合に注目する．したがって，図 9.5 の場合，受理するパスの割合は $1/2^k$ であるのに対し，図 9.6 の場合，

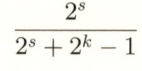

$$\frac{2^s}{2^s + 2^k - 1}$$

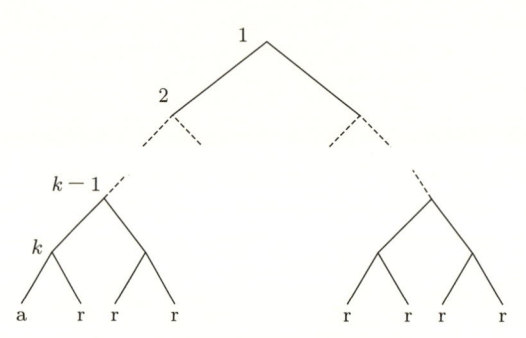

図9.5　ある古典確率的計算の計算パス

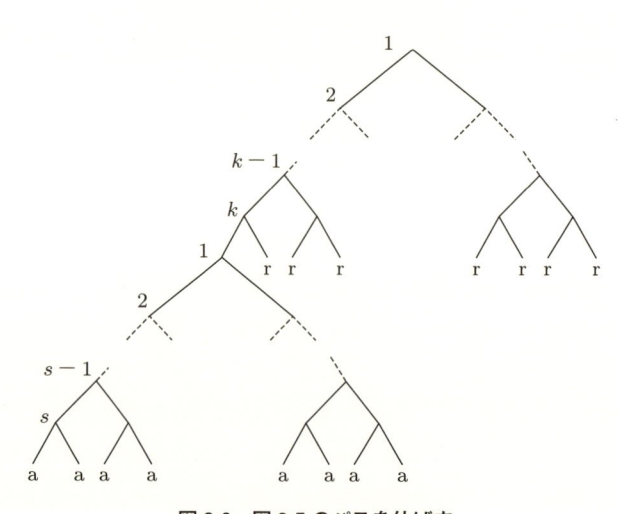

図9.6　図9.5のパスを伸ばす

であり，これは $s \gg k$ にすれば好きなだけ 1 に近づけることができる．つまり，ある意味，指数関数的に小さい確率を「1 に増幅」しているようなものなので，BPP では解けない問題も，BPP_{path} なら解けることを意味している（実際，$\text{BPP} \subseteq \text{BPP}_{\text{path}}$ どころか，$\text{MA} \subseteq \text{BPP}_{\text{path}}$ であることが証明されている[37]）．

さて，では $\text{postBPP} = \text{BPP}_{\text{path}}$ の証明を行おう．まず，$L \in \text{postBPP}$ を仮定して，$L \in \text{BPP}_{\text{path}}$ を示す．postBPP の多項式時間確率的チューリングマシンは k ステップの計算を行うとする．この計算において，$(o, p) = (o, 1)$ が出力されればさらにコインを s 回振り，コインがどの結果であっても $(o, p) = (o, 1)$ を出力するような計算を考えよう．この計算を非決定性チューリングマシンとみなし，$(o, p) = (1, 1)$ のときを受理とする．受理パスの数を A，拒否パスの数を R とすると，十分大きい s で

$$
\begin{aligned}
\frac{A}{A + R} &= \frac{2^s P(o = 1, p = 1) 2^k}{2^s P(o = 1, p = 1) 2^k + 2^s P(o = 0, p = 1) 2^k + P(p = 0) 2^k} \\
&= \frac{2^s P(o = 1, p = 1)}{2^s P(o = 1, p = 1) + 2^s P(o = 0, p = 1) + P(p = 0)} \\
&\xrightarrow{s \to \infty} \frac{P(o = 1, p = 1)}{P(o = 1, p = 1) + P(o = 0, p = 1)} \\
&= P(o = 1 | p = 1) \begin{cases} \geq 2/3 & (x \in L) \\ \leq 1/3 & (x \notin L) \end{cases}
\end{aligned}
$$

となるので，$L \in \text{BPP}_{\text{path}}$ がいえる．

逆に，$L \in \text{BPP}_{\text{path}}$ と仮定して，$L \in \text{postBPP}$ を示す．$L \in \text{BPP}_{\text{path}}$ なので，ある多項式時間非決定性チューリングマシン M が存在して，

$$
\frac{A}{A + R} \begin{cases} \geq 2/3 & (x \in L) \\ \leq 1/3 & (x \notin L) \end{cases}
$$

が成り立つ．ここで，A は受理パスの数，R は拒否パスの数である．M の計算パスは一般にそれぞれ異なる長さをもつ．それらのうち，最も長いものの長さを s としよう．最も長いパスについては，受理のときは $(o = 1, p = 1)$，拒否のときは $(o = 0, p = 1)$ を出力することにする．長さが s より短い計算パスは，非決定性遷移を適当な回数付け足すことにより伸ばして長さを s にする．伸ばす前の終状態が受理のときは，伸ばしてできた多数の終状態のうち一つのみ $(o = 1, p = 1)$ という出力にし，ほかはすべて $(o = 1, p = 0)$ という出力にする．伸ばす前の終状態が拒否のときは，伸ばしてできた多数の終状態のうち一つのみ $(o = 0, p = 1)$ という出力にし，ほかはすべて $(o = 0, p = 0)$ という出力にする（たとえば，図 9.7 のようなパスだとすると，図 9.8 のようにする）．このようにしてつくられる非決定性チューリングマシンを確

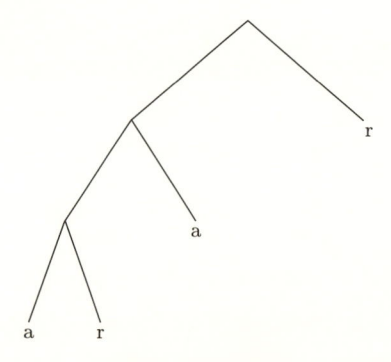

図 9.7　パスの例

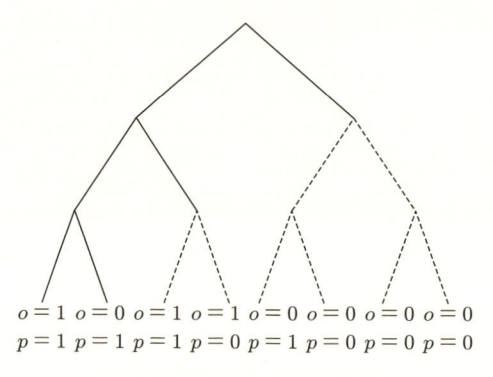

図 9.8　図 9.7 のパスを伸ばす

率的チューリングマシンでシミュレートすると，

$$P(o=1|p=1) = \frac{P(o=1,p=1)}{P(o=1,p=1) + P(o=0,p=1)}$$

$$= \frac{A2^{-s}}{A2^{-s} + R2^{-s}} = \frac{A}{A+R} \begin{cases} \geq 2/3 & (x \in L) \\ \leq 1/3 & (x \notin L) \end{cases}$$

なので，$L \in \mathrm{postBPP}$ となる．

9.7　postBQP，postBPP の Kuperberg による別定義

第 6 章において出てきた SBQP，SBP というクラスを思い出そう．それらは次のような定義であった．

定義　言語 L が SBQP（SBP）に入るとは，ある定数 c（$c > 1$），多項式時間一様生成可能量子回路族（多項式時間確率的チューリングマシン），ある多項式 r が

存在して,

1. $x \in L$ のとき, 受理確率 $> c2^{-r}$
2. $x \notin L$ のとき, 受理確率 $< (1/c)2^{-r}$

を満たすことである.

面白いことに, この定義において, 2^{-r} をある多項式時間一様生成可能量子回路族 (多項式時間確率的チューリングマシン) の受理確率 p に置き換えると, postBQP (postBPP) と等価になる[56] (ただし, ある多項式 s が存在して, 常に $p \geq 2^{-s}$ が成り立つとする). つまり, 以下のような定理が成り立つ.

定理 言語 L が postBQP に入ることと, 以下の条件 (Kuperberg 条件とよぶ) は等価である. ある定数 $c > 1$ と二つの多項式時間一様生成可能量子回路族 $\{V_x\}_x$, $\{W_x\}_x$ が存在し, それぞれの受理確率を a, b とするとき, 以下の三つがすべて満たされる.

1. ある多項式 s が存在して, 常に $b \geq 2^{-s}$ が成立.
2. $x \in L$ のとき, $a > cb$ が成立.
3. $x \notin L$ のとき, $a < b/c$ が成立.

証明 まず, Kuperberg 条件が成り立つと仮定し, $L \in$ postBQP であることを示す. コインを振って, 表が出たら V_x を, 裏が出たら W_x を走らせる. V_x が受理したときは $(o = 1, p = 1)$ を出力し, W_x が受理したときは $(o = 0, p = 1)$ を出力し, それ以外の場合はすべて $(o = 0, p = 0)$ を出力するとすると,

$$P(p = 1) = \frac{a}{2} + \frac{b}{2} \geq \frac{b}{2} \geq 2^{-s-1}$$

が成り立つ. また,

$$P(o = 1 | p = 1) = \frac{P(o = 1, p = 1)}{P(p = 1)} = \frac{a/2}{a/2 + b/2} = \frac{a}{a + b}$$

となる. $x \in L$ のとき, 仮定により $a > cb$ が成立するが, $a > cb > b \geq 2^{-s}$ なので, $a \neq 0$ であり, a で割ってもよい. よって,

$$P(o = 1 | p = 1) = \frac{a}{a + b} > \frac{a}{a + a/c} = \frac{1}{1 + 1/c}$$

となる. 一方, $x \notin L$ のとき, もし $a = 0$ なら,

$$P(o=1|p=1) = \frac{a}{a+b} = 0$$

であり，もし $a \neq 0$ なら，仮定より $a < b/c$ なので，

$$P(o=1|p=1) = \frac{a}{a+b} < \frac{a}{a+ca} = \frac{1}{1+c}$$

である．したがって，いずれにせよ

$$P(o=1|p=1) < \frac{1}{1+c}$$

が成立する．そして，

$$\frac{1}{1+1/c} - \frac{1}{1+c} = \frac{c-1}{c+1} \geq \frac{1}{poly}$$

となるので，$L \in \mathrm{postBQP}$ である．

逆に，$L \in \mathrm{postBQP}$ であると仮定して，L が Kuperberg 条件を満たすことを示そう．$L \in \mathrm{postBQP}$ なので，ある多項式 s と多項式時間一様生成可能量子回路族 $\{U_x\}_x$ が存在し，U_x が $p=1$ を出す確率は常に $P(p=1) \geq 2^{-s}$ である．$t \gg s$ となる多項式 t をとろう．回路 V_x は，U_x をシミュレートして $(o=1, p=1)$ を出力すれば受理とするようなものと定義する．回路 W_x は，確率 2^{-t} で無条件に受理し，確率 $1-2^{-t}$ で U_x をシミュレートして $(o=0, p=1)$ を出力すれば受理とするようなものと定義する．すると，W_x の受理確率 b は

$$b = (1-2^{-t})P(o=0, p=1) + 2^{-t} \geq 2^{-t}$$

であり，V_x の受理確率を a とすると，

$$
\begin{aligned}
\frac{a}{a+b} &= \frac{P(o=1, p=1)}{P(o=1, p=1) + (1-2^{-t})P(o=0, p=1) + 2^{-t}} \\
&= \frac{P(o=1, p=1)}{P(o=1, p=1) + P(o=0, p=1) - 2^{-t}P(o=0, p=1) + 2^{-t}} \\
&= \frac{P(o=1, p=1)}{P(p=1) - 2^{-t}P(o=0, p=1) + 2^{-t}} \\
&\xrightarrow{t \to \infty} \frac{P(o=1, p=1)}{P(p=1)} = P(o=1|p=1)
\end{aligned}
$$

となるので，$x \in L$ のとき $a/(a+b) \geq 2/3$，つまり $a \geq 2b$ となるので，

$$a \geq 2b > 1.5b$$

となる．一方，$x \notin L$ のとき $a/(a+b) \leq 1/3$，つまり $a \leq b/2$ となるので，

$$a \leq \frac{1}{2}b < \frac{1}{1.5}b$$

となる．よって，L は Kuperberg 条件を満たす．□

上記の Kuperberg 条件において，$\{V_x\}_x$，$\{W_x\}_x$ を多項式時間一様生成可能量子回路族ではなく，多項式時間確率的チューリングマシンに置き換えると，postBPP と等価になることが同様にして示せる．

> **研究** Kuperberg 条件において，a を多項式時間一様生成可能量子回路の受理確率，b を多項式時間確率的チューリングマシンの受理確率とすると，どのようなクラスになるだろうか？ postBQP と SBQP の間にあることは明らかであるが，それらのいずれかと等価になるのだろうか？ 文献 [96] において，SBQP = PP なら PH ⊆ PP となるので，SBQP = PP は起こらないだろうという結果が示されている．同様にして，そのクラスが PP と等価になれば PH ⊆ PP となることが示せるだろうか？

9.8 AWPP

AWPP というのは，古典の（ここでいう「古典」は，古典物理学という意味ではなくて，量子でない通常の計算機科学で研究されているという意味）計算量クラスであり，現在のところ BQP の最良の上界を与えていることが知られている[28]．

$$BQP \subseteq AWPP \subseteq SBQP \subseteq PP$$

また，AWPP は UP ∩ coUP を含んでいるが，BQP はこれを含まないと考えられている．さらに，AWPP はグラフ同型問題（9.9 節で説明）も含んでいるが，いまのところこれは BQP では解く方法が知られていない．したがって，現在のところ，AWPP は BQP より真に大きい（つまり BQP ≠ AWPP）だろうと思われている（以下で述べるように，AWPP は量子論を拡張した計算のクラスと等価である．これも，AWPP と BQP が等価でなさそうな証拠である）．BQP の上界としては，QMA や QCMA もあり，これらも SBQP に含まれるが，AWPP との関係については何もわかっていない．図 9.9 に，AWPP 周辺のクラスの相互関係をまとめる．

それでは AWPP を定義しよう[25]．

> **定義** 言語 L が AWPP に入るとは，ある FP 関数 f ($f > 0$) と GapP 関数 g が存在して，
>
> 1. $x \in L$ のとき，$2/3 \le g(x)/f(x) \le 1$
> 2. $x \notin L$ のとき，$0 \le g(x)/f(x) \le 1/3$
>
> を満たすことである．

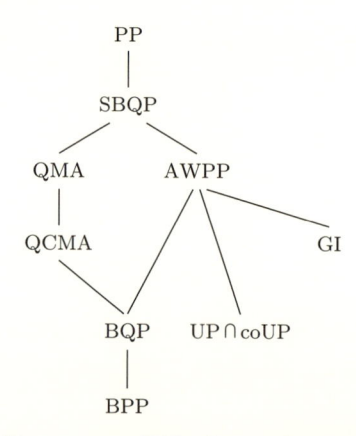

図 9.9　AWPP 周辺のクラスの相互関係

9.3 節で述べた量子計算の受理確率と GapP 関数の関係を使えば，BQP ⊆ AWPP は明らかである．

postBQP は PP と等価であったが，ポストセレクション確率 $P(p=1)$ が FP 関数 f とある多項式 r を用いて $P(p=1) = f/2^r$ と書ける場合は，AWPP に含まれることが証明された[70]．また，ポストセレクション確率 $P(p=1)$ が $f/2^r$ に近似できるような場合は，AWPP と等価であることも証明されている[70]．この結果を応用すると，8.5 節に出てきた group non-membership（GNM）問題を少し修正したものは AWPP に入ることが証明できる[71]．group non-membership 問題とは，ある有限群 G の要素 $g_1, g_2, \ldots, g_k, h$ が与えられたときに，h が $g_1, g_2, \ldots, g_k$ により生成される群 $H \equiv \langle g_1, g_2, \ldots, g_k \rangle$ に入っていなければ YES，入っていれば NO という問題であった．たとえば，

$$|H\rangle \equiv \frac{1}{\sqrt{|H|}} \sum_{g \in H} |g\rangle$$

という状態が用意できれば GNM を解くことができるが，これを多項式時間量子計算機で用意する方法は知られていないため，たとえばマーリンにもらうことにより，QMA で解くことができるのであった．しかし，$|H\rangle$ ではなく

$$\frac{1}{\sqrt{|H|}} \sum_{g \in H} |g\rangle \otimes |\mathrm{garbage}(g)\rangle$$

という状態であれば，多項式時間量子計算機でつくることができる．余計なレジスター $|\mathrm{garbage}(g)\rangle$ を $|+\cdots+\rangle$ 状態にポストセレクトすることにより消せば，$|H\rangle$ を

つくることができるため，これは GNM が postBQP に含まれることを意味する．いま，GNM の入力として $|H|$ も与えられるように問題を修正すると，ポストセレクション確率が上記の条件を満たすことが証明でき，したがって AWPP に入ることが示せるのである[71]（ちなみに，このようにレジスターを削除することができるなら問題が解けるようになる場面はほかにも多くある．次節において，より一般的に議論する）．

　量子論が特別な場合として含まれるような，一般的な確率論に基づく物理理論の研究が最近多くなされているが，この一般化確率論に基づく計算機が解ける問題のクラスは，AWPP と等価であることがわかっている[11, 57]．

9.9 レジスターの都合のよい削除

　ある関数 $f : \{0,1\}^n \to \{0,1\}^m$ が与えられたとき，

$$\frac{1}{\sqrt{2^n}} \sum_{x \in \{0,1\}^n} |f(x)\rangle$$

を量子計算機で多項式時間でつくることはできるだろうか？　これは簡単にできるように見えるかもしれない．実際，まず状態 $|+\rangle^{\otimes n}$ を用意し，$|0^m\rangle$ をくっつけて

$$|+^n\rangle_1 \otimes |0^m\rangle_2 \to \frac{1}{\sqrt{2^n}} \sum_{x \in \{0,1\}^n} |x\rangle_1 \otimes |f(x)\rangle_2$$

として，最後に第一レジスターを取り除けばつくれそうである．しかし，どうやって取り除くことができるのだろうか？　たとえば，単純に第一レジスターをトレースアウトしてしまうと，

$$\frac{1}{2^n} \sum_{x \in \{0,1\}^n} |f(x)\rangle\langle f(x)|$$

となってしまう．では，第一レジスターの各量子ビットを X 基底で測定してはどうだろうか？　もしすべて $|+\rangle$ が現れれば，めでたく望みの状態が得られるが，それ以外の場合は，各 $|f(x)\rangle$ がすべて同じ係数の重ね合わせとはならず，-1 の係数がいくつかの場所に付いたものになってしまう．すべて $|+\rangle$ が現れる確率は，指数関数的に小さくなってしまうときもあり，その場合には，指数関数回繰り返さないと望みの結果が得られない．

　どうも，このような状態は量子計算機で多項式時間ではつくれないのではないだ

ろうかと思われている．実際，このような状態がつくれると，グラフ同型問題も解くことができる．グラフ同型問題とは二つの与えられたグラフ G と H が同型かどうかを判定する問題であり，NP に属する．P に属するかどうかはわかっていない．また，多項式階層が崩壊しない限り，NP 完全ではないことも証明されている[15]．量子計算機で多項式時間で解く方法も，いまのところ知られていない．しかし，もし与えられたグラフ G と H に対し，

$$|G\rangle \equiv \frac{1}{\sqrt{|S_n|}} \sum_{\sigma \in S_n} |\sigma(G)\rangle, \qquad |H\rangle \equiv \frac{1}{\sqrt{|S_n|}} \sum_{\sigma \in S_n} |\sigma(H)\rangle$$

という二つの状態がつくれるならば（ただし，S_n は置換の集合である），二つのグラフが同型の場合 $|G\rangle = |H\rangle$ であり，二つのグラフが同型でない場合 $\langle G|H\rangle = 0$ なので，SWAP テストをすれば，$+1$ が得られる確率は二つが同型の場合 1 であり，二つが同型でない場合 $1/2$ となるので，両者を判定することができる．

　しかし，状態

$$|G\rangle \equiv \frac{1}{\sqrt{|S_n|}} \sum_{\sigma \in S_n} |\sigma(G)\rangle$$

を多項式時間量子計算機でどうつくればよいのかはわかっていない．代わりに，

$$\rho_G \equiv \frac{1}{|S_n|} \sum_{\sigma \in S_n} |\sigma(G)\rangle\langle\sigma(G)|$$

を使っては駄目なのだろうか？　これなら簡単につくれる．しかし残念ながらこの場合，SWAP テストをすると，$+1$ の得られる確率は二つが同型の場合 $(1 + 1/|S_n|)/2$ であり，二つが同型でない場合 $1/2$ となるので，両者の確率の差は $1/(2|S_n|)$ であり，したがって多項式回の繰り返しでは両者を区別することができない．つまり，混合ではなく重ね合わせをつくらなければならないのである．

　さらにもっと一般に，上記のような都合のよいレジスターの削除ができるなら，SZK 完全問題が解けることが文献 [8] において指摘された．次の statistical difference とよばれるプロミス問題を考えよう．

定義　statistical difference とは，以下のような問題である．

- 入力：二つの古典回路 $C_0, C_1 : \{0,1\}^n \to \{0,1\}^m$
- 出力：次のどちらか判定せよ．

$$\frac{1}{2}|D_{C_0} - D_{C_1}|_1 \geq \alpha, \qquad \frac{1}{2}|D_{C_0} - D_{C_1}|_1 \leq \beta$$

ただし,

$$|p - q|_1 \equiv \sum_x |p(x) - q(x)|$$

は確率分布 p, q の L1 距離であり,D_C は回路 C の出力確率分布である.つまり,

$$D_C(z) \equiv \frac{|\{x \in \{0,1\}^n | C(x) = z\}|}{2^n}$$

である.

この問題は,$\alpha^2 > \beta$ なる任意の定数 $0 \leq \beta < \alpha \leq 1$ に対し,SZK 完全であることが知られている[81].

いま,$i = 0, 1$ に対し,

$$|C_i\rangle \equiv \sum_{z \in \{0,1\}^m} \sqrt{D_{C_i}(z)} |z\rangle$$

という状態がつくれると仮定しよう.すると,

$$\langle C_0|C_1\rangle = \sum_{z \in \{0,1\}^m} \sqrt{D_{C_0}(z) D_{C_1}(z)}$$

であるが,これは確率分布 D_{C_1} と D_{C_2} のフィデリティになっているので,SWAP テストをすれば,$\langle C_0|C_1\rangle$ が小さいか大きいか判定できる.したがって,statistical difference が解けるのである.

9.10 CTC

CTC(closed timelike curve)は,過去に「タイムトラベル」できる能力である.ゲーデルにより,アインシュタインの一般相対性理論がそのような CTC の存在を排除しないということが指摘されている[33].しかし,過去に行ってそこで何かすると,それは現在に影響を与えるため,矛盾が生じる可能性がある.たとえば,過去に戻って,自分の祖父と祖母の出会いを邪魔すると,自分がそもそも存在しなくなってしまう.このようなパラドックスは,この例から grandfather paradox とよばれている.そこで,矛盾が生じないような一貫した解が選ばれるモデルを Deutsch が提案した[23].これは,Deutsch モデルとよばれている.

　この節では，CTC が使えるような計算の能力を調べよう．このような計算では，CTC に古典ビットを流せるか量子ビットを流せるかの 2 通りが考えられる．

　まずは，古典ビットを CTC に流せる能力を備えた計算を考えよう．図 9.10 のように，ある計算機 M が，CTC から吐き出された s ビット列 $w \in \{0,1\}^s$ を入力とし，計算を行い，ある s ビット列 $w' \in \{0,1\}^s$ を出力するという状況を考えよう．そのビット列 w' はまた CTC に投げ込まれ，過去にタイムトラベルさせられ，再び計算機 M の入力になる．このとき，$w \to w'$ の遷移はマルコフ連鎖になっている．このマルコフ連鎖の定常状態の特定の 1 ビットを測定し，1 が出たら受理，0 が出たら拒否とする．

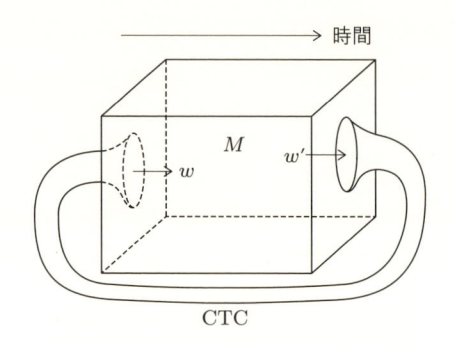

図 9.10　マルコフ連鎖のつくり方

　このモデルを使って，以下のように計算量クラスを定義する．

定義　言語 L が $\mathrm{P_{CTC[s]}}$ に入るとは，M を多項式時間決定的チューリングマシンとしたとき，上記のマルコフ連鎖のどの定常状態に対しても，$x \in L$ のとき確率 1 で受理，$x \notin L$ のとき確率 1 で拒否することである．

定義　言語 L が $\mathrm{BPP_{CTC[s]}}$ に入るとは，M を多項式時間確率的チューリングマシンとしたとき，上記のマルコフ連鎖のどの定常状態に対しても，$x \in L$ のとき確率 $\geq 2/3$ で，$x \notin L$ のとき確率 $\leq 1/3$ で受理することである．

定義　言語 L が $\mathrm{BQP_{CTC[s]}}$ に入るとは，M を多項式時間一様生成可能量子回路族としたとき，上記のマルコフ連鎖のどの定常状態に対しても，$x \in L$ のとき確率 $\geq 2/3$ で，$x \notin L$ のとき確率 $\leq 1/3$ で受理することである．

文献 [5] において，$P_{CTC[poly]} = PSPACE$ であることが証明された．証明は次のようになる．

証明 $L \in PSPACE$ と仮定しよう．すると，ある空間サイズ $s = poly(|x|)$ のチューリングマシンが存在して，初期状態 c_1 から出発すると，時刻 T に，$x \in L$ のとき受理状態 c_a に，$x \notin L$ のとき拒否状態 c_r になる．このチューリングマシンに s ビットの「カウンター」を付けた空間サイズ $2s$ のチューリングマシンを考える．$t \in \{0,1\}^s$ をカウンターの状態を表すビット列とする．このマシンは，初期状態 $(c_1, t=1)$ から出発すると，ある時刻 T に，$x \in L$ のとき状態 $(c_a, t=T)$，$x \notin L$ のとき状態 $(c_r, t=T)$ になる．

M として，次のようなものを考えよう．

1. 入力として，(c, t, b) を受け取る．ここで，$c \in \{0,1\}^s$ はチューリングマシンの状態を表すビット列，$t \in \{0,1\}^s$ はカウンターの状態を表すビット列，$b \in \{0,1\}$ はビットである．
2. もし $t < T$ なら，$(c', t+1, b)$ を出力．ここで，c' は c の次の状態である．
3. もし $t = T$ かつ $c = c_a$ なら，$(c_1, t=1, b=1)$ を出力．
4. もし $t = T$ かつ $c = c_r$ なら，$(c_1, t=1, b=0)$ を出力．
5. もし $t = T$ かつ $c \neq c_a$ かつ $c \neq c_r$ なら，$(c_1, t=1, b)$ を出力．

すると，明らかに，$x \in L$ のとき $(c_1, t=1, 1), (c_2, t=2, 1), \ldots, (c_T, t=T, 1)$，$x \notin L$ のとき $(c_1, t=1, 0), (c_2, t=2, 0), \ldots, (c_T, t=T, 0)$ 上の一様確率分布が，唯一の定常状態である．ここで，c_{i+1} は c_i の次の状態である．したがって，ビット b をサンプルすれば，確率 1 で L が判定できる．よって，$L \in P_{CTC[poly]}$ である．

逆に，$L \in P_{CTC[poly]}$ を仮定して $L \in PSPACE$ を示そう．M の入出力が s ビットだとする．ある s ビット列 $w \in \{0,1\}^s$ を選び，これをメモリに記憶しておく．M に入れて w' を計算する．次に w' を M に入れて w'' を得る．これを繰り返していき，w に戻ってくれば，これまでのシーケンス上の一様分布は，マルコフ連鎖の定常状態である．$L \in P_{CTC[poly]}$ なので，この定常状態のある特定のビットは確率 1 で 0 か 1 になっているから，w のそのビットを見て，もし 0 なら $x \in L$，もし 1 なら $x \notin L$ だとわかる．以上のプロセスは PSPACE でできるので，$L \in PSPACE$ である．□

また，文献 [22] において，$BPP_{CTC[1]} = postBPP$，$BQP_{CTC[1]} = postBQP$ であることが示された．証明は次のようになる．

証明 $BPP_{CTC[1]} = postBPP$ を示そう（$BQP_{CTC[1]} = postBQP$ は同様にして示せる）．まずは，$L \in postBPP$ を仮定して $L \in BPP_{CTC[1]}$ を示す．$BPP_{CTC[1]}$ における M として，次のようなものを考えよう．

1. もし 0 が CTC から吐き出された場合は，postBPP の確率的チューリングマシンを実行して，$(o = 0, p = 1)$ が出力されたら，ビットを反転して CTC に投げる．そ

れ以外が出力されたら，ビットをそのままにして CTC に投げる．

2. もし1が CTC から吐き出された場合は，postBPP の確率的チューリングマシンを実行して，$(o=1, p=1)$ が出力されたら，ビットを反転して CTC に投げる．それ以外が出力されたら，ビットをそのままにして CTC に投げる．

このようなマルコフ連鎖は，

$$\begin{pmatrix} 1 - P(o=1, p=1) & P(o=0, p=1) \\ P(o=1, p=1) & 1 - P(o=0, p=1) \end{pmatrix}$$

となる．その定常分布として，

$$\begin{pmatrix} P(o=0|p=1) \\ P(o=1|p=1) \end{pmatrix}$$

があることが確かめられる（もう一つの固有ベクトルは，要素がすべて0になるので採用しない）．したがって，この定常分布を測定すると L が判定できる．よって，$L \in \mathrm{BPP}_{\mathrm{CTC}[1]}$ となる．

この逆，$L \in \mathrm{BPP}_{\mathrm{CTC}[1]}$ ならば $L \in \mathrm{postBPP}$ の証明は，計算が長いのでここでは省略する．アイデアとしては，非常に直接的である．$\mathrm{BPP}_{\mathrm{CTC}[1]}$ の確率的チューリングマシンを確率的に走らせ，いくつかの望ましくない場合には $p=0$ を出力することによりポストセレクションの際に取り除かれるような新しい確率的チューリングマシンを構成すると，そのポストセレクション付き受理確率がもとの $\mathrm{BPP}_{\mathrm{CTC}[1]}$ のそれと関連付けられるというものである．詳しい証明に興味のある読者は，文献 [22] を参照されたい．□

さらに，この結果は log ビット CTC にしても変わらないことが，文献 [74] において示された．

次に，CTC に量子ビットが流せる場合を考えよう．量子の場合，「ビット列 w にある計算 M を行いビット列 w' を得るというマルコフ連鎖の定常状態がサンプルできる」という部分が，「量子状態 ρ に CPTP マップを作用させて ρ' とする量子マルコフ連鎖の定常状態 ρ^* がサンプルできる」と拡張される．このようなクラスを $\mathrm{BQP}_{\mathrm{qCTC}[s]}$ と書くと，文献 [5] において $\mathrm{BQP}_{\mathrm{qCTC}[poly]} = \mathrm{PSPACE}$ であることが示された．$\mathrm{P}_{\mathrm{CTC}[poly]} \subseteq \mathrm{BQP}_{\mathrm{qCTC}[poly]}$ なので，$\mathrm{BQP}_{\mathrm{qCTC}[poly]} \supseteq \mathrm{PSPACE}$ は明らかである．逆は，計算が複雑なのでここでは省略するが，アイデアとしては，量子マルコフ連鎖の定常状態を求める PSPACE アルゴリズムを提案し，それに基づいて証明する，というものである．

9.11　超量子的過程で生成された状態の検証

第7章では，状態の検証について説明した．この節では，超量子的な過程で生成された状態は，多項式時間量子計算の能力では検証できないことを示す．

例として，ポストセレクションにより生成された状態を考えよう．ポストセレクションされた状態を $|\psi_{\mathrm{post}}\rangle$ とする．ある多項式時間量子回路で実現可能な POVM $\{M, I-M\}$ が存在して，

1.　$\mathrm{Tr}(M|\psi_{\mathrm{post}}\rangle\langle\psi_{\mathrm{post}}|) = 1$
2.　もし $\mathrm{Tr}(M\rho) \geq 1-\epsilon$ ならば，$(1/2)\|\rho - |\psi_{\mathrm{post}}\rangle\langle\psi_{\mathrm{post}}|\|_1 \leq \delta$

の二つが成り立つとしよう．ただし，$\epsilon = O(1/poly)$, $\delta = O(1/poly)$ である．すると，postBQP $\subseteq$ QMA であることが示せる．

実際，$L \in$ postBQP とし，postBQP 回路のポストセレクション後の状態を $|\psi_{\mathrm{post}}\rangle$ としよう．検証者は，証明者から送られてきた状態に対し，確率 1/2 で POVM $\{M, I-M\}$ を行い，M が出たら受理，確率 1/2 で1番目の量子ビットを測定して1が得られれば受理という QMA プロトコルを考えよう．すると，受理確率は $x \in L$ のとき，

$$p_{\mathrm{acc}} \geq \frac{1}{2} + \frac{1}{2}(1 - 2^{-r}) = 1 - O(2^{-r})$$

$x \notin L$ のとき，

$$p_{\mathrm{acc}} \leq \max\left[\frac{1}{2} + \frac{1}{2}(2^{-r} + \delta), \frac{1}{2}(1 - \epsilon) + \frac{1}{2}\right]$$
$$\sim \max\left[\frac{1}{2} + O\left(\frac{1}{poly}\right), 1 - O\left(\frac{1}{poly}\right)\right]$$

なので，$1/poly$ 以上のギャップを得る．

つまり，PP $\subseteq$ QMA とならない限り，ポストセレクションにより生成された状態の検証は不可能なのである．しかし，もし PP $\subseteq$ QMA ならば PH $\subseteq$ PP となるため[96]，PP $\subseteq$ QMA とはならないだろうと信じられている．したがって，それを信じるならば，ポストセレクションされた状態は，多項式時間量子計算の能力では検証できないのである．

同様の方法により，CTC や量子クローニングで生成された状態も，（PSPACE $\subseteq$ QMA や SZK $\subseteq$ QMA が成り立たない限り）多項式時間量子計算の能力では検証不可能であることが証明できる．

第 10 章

非ユニバーサル量子計算

第 6 章で見たように，判定問題の意味で量子計算が古典計算より速いか，つまり，「BQP $\neq$ BPP か？」という問題は，まだ未解決なのであった．さらに，もし BQP $\neq$ BPP が証明できれば，古典計算機科学における未解決の大問題 P $\neq$ PSPACE を証明することにもなるため，BQP $\neq$ BPP を証明するのは非常に難しいだろうと考えられている．一方で，判定問題でなければ，量子が古典よりも優れているという結果は多く見つかっている．たとえば，オラクルを使用するもとでは量子計算が古典計算より速くなる例が知られている[36, 85]（oracle query complexity）．また，問題を解くのにどのくらいの通信が必要かという通信複雑性（communication complexity）などにおいても，量子のほうが古典を凌駕する例が知られている[21, 78]．

この章では，主に「ある確率分布 D をサンプルせよ」というサンプリング問題（sampling problem）を考える．以下で詳しく見るように，サンプリング問題においても，量子計算のほうが古典計算よりも優れているということが証明できるのである．もう少し詳しくいうと，量子計算機ではある確率分布 D を多項式時間でサンプルすることができるが，もし古典計算機で D を多項式時間で（近似的にでも）サンプルできれば，多項式階層が崩壊することを示す．多項式階層とは，P，NP を一般化したものであり，計算機科学においては，多項式階層は崩壊しないだろうと信じられている．したがって，そのような確率分布 D は古典計算機では（近似的にでも）多項式時間でサンプルできないことを示唆する．

多項式階層が崩壊すれば，もちろんこの結果は，サンプリング問題における量子の古典に対する優位性を示すものではなくなってしまう．しかし，上で述べたように，計算機科学においては，多項式階層は崩壊しないだろうと非常に強く信じられているため，この結果は非常に強力な基盤に支えられているといってよい．一方で，BQP $\neq$ BPP の証拠としては，たとえば Shor の素因数分解アルゴリズムの存在がある．しかしながら，素因数分解が BPP に入らないという証明はまだないし，仮に BPP に入れば何か大きな仮定が崩壊する（たとえば多項式階層の崩壊など）というようなことも知られていない．そういう意味では，「単にいまのところ素因数分

解を古典計算機で効率的に解く方法は知られていません」よりも，「多項式階層は崩壊しません」のほうがより信頼できる基盤なのである．

そして面白いことに，このようにサンプリング問題において量子計算の古典計算に対する優越さを示すときには，ユニバーサル量子計算は必要ない．それどころか，可能な操作が非常に制限されており，一見すると，古典計算機で効率的にシミュレートできてしまいそうにすら見えるくらい弱い量子計算モデルで十分なのである．このように，ユニバーサルではないが古典計算機よりは強力な量子計算モデルは非ユニバーサル量子計算モデル（sub-universal quantum computing model）とよばれている．苦労してユニバーサル量子計算機をつくらなくても古典計算より強力な量子計算をデモンストレートできるため，実験的に見ても興味深いモデルである．（実際，非ユニバーサル量子計算の例である相互作用なしボソンモデル（ボソンサンプリング（Boson sampling））[3]については，光を用いて実験が行われた[87, 92]）．最近では，このような非ユニバーサルな量子計算モデルが古典計算を凌駕することを示す研究は quantum supremacy とよばれ，非常に活発に行われている．この章では，とくに代表的な非ユニバーサル量子計算モデルの具体例として，深さ4の量子回路，IQP，DQC1 について解説する．

10.1　サンプリング問題

具体的な非ユニバーサル量子計算モデルの紹介に入る前に，サンプリング問題についてもう少し説明しておこう．

ある離散確率分布 $D = \{p_z\}_{z \in \{0,1\}^n}$ を考えよう．つまり，すべての $z \in \{0,1\}^n$ に対し $p_z \geq 0$ かつ $\sum_{z \in \{0,1\}^n} p_z = 1$ である．これが計算機 M で厳密にサンプルできるとは，M が z を出力する確率を q_z とするとき，すべての $z \in \{0,1\}^n$ に対して $p_z = q_z$ が成り立つことである．また，乗的エラー（multiplicative error）c でサンプルできるとは，すべての z に対し，

$$|p_z - q_z| \leq cp_z$$

が成り立つことである．そして，L1 ノルムエラー（もしくは total variation distance，もしくは additive error）c でサンプルできるとは，

$$\sum_{z \in \{0,1\}^n} |p_z - q_z| \leq c$$

が成り立つことである．

たとえば，確率分布 D として，クリフォード量子計算の出力確率分布をとろう．つまり，確率分布 D を，初期状態 $|0^n\rangle$ を用意し，クリフォードゲートを多項式個作用させて，最後に1番目の量子ビットを計算基底で測定したときの値 $z \in \{0,1\}$ の確率分布とする．このような D をサンプルせよという問題を考えよう．当然，D は多項式時間量子計算機で厳密にサンプルできる．一方で，Gottesman–Knill の定理より，z を得る確率は古典計算機で多項式時間で厳密に計算できるので，D は古典計算機でも厳密にサンプルできる．したがって，このサンプリング問題については，量子計算機と古典計算機では差が出ないのである．

一方で，D として，ユニバーサル量子計算機の1量子ビットのみを測定したときの出力確率分布をとろう．これも定義により，量子計算機では厳密にサンプルできる（もっといえば，ノイズのある量子計算機でも，誤り訂正符号を使うことにより，近似的にサンプルできる）．しかし，もし D が多項式時間確率的古典計算機で厳密に，もしくは $1/poly$ の L1 ノルムエラーでサンプルできれば，BQP = BPP となってしまう．もし，BQP ≠ BPP であると信じるのなら，D は古典計算機では多項式時間でサンプルできないものであるということになる．つまり，このサンプリング問題については，量子計算機のほうが古典計算機より優れているのである．

10.2 深さ4の量子回路

では，非ユニバーサル量子計算モデルの具体例に入ろう．非ユニバーサル量子計算モデルの古典シミュレート不可能性を計算量的仮定に基づいて最初に示したのは，おそらく Terhal と DiVincenzo であろう[91]．彼女らは，深さが4しかない量子回路という，一見非常に弱そうな量子回路の出力確率分布が，もし多項式時間古典計算機で乗的エラーでサンプルできれば，BQP が AM に入ることを示した．BQP が AM に入るとは信じられていないため，この結果は深さ4の量子回路の出力確率分布が古典計算機では効率的にサンプルできないことを示唆している．

しかし，次節で述べるように，測定型量子計算を使うことにより，彼女らの結果である BQP ⊆ AM よりもより強い結果（多項式階層が第2レベルで崩壊）を，非常に簡単な証明で導けるため，彼女らの証明そのものについてはここでは触れない（彼女らの証明に興味のある読者は，文献 [91] を参照されたい）．

10.3 IQP

Bremner, Jozsa, Shepherd らは，IQP (instantaneous quantum polynomial time）とよばれる非ユニバーサル量子計算モデルを提案した[18]．これは，以下で説明するように，最初と最後だけアダマールを作用させることができ，後はすべて Z 基底で行列表示したときに対角行列となるようなゲートしか作用できないという量子計算モデルである．そのようなゲートはたがいに交換するので，理論上は同時に作用させることができるため，"instantaneous" という名前が付いたが，実際に同時に作用できるかはもちろん実験系による．

図 10.1 に示すように，n 量子ビット IQP 回路 C は

$$C \equiv H^{\otimes n} C' H^{\otimes n}$$

という形をしている．つまり，まずすべての量子ビットにアダマールゲート H を作用させ，その次に回路 C' を作用させ，最後にまたすべての量子ビットにアダマールゲートを作用させてから計算基底で測定するのである．回路 C' は，Z 基底で行列表示したときに対角行列となるような多項式個の量子ゲートのみで構成される．Z 基底の行列表示で対角行列となるような量子ゲートとしては，たとえば Z, CZ, R_θ, $\Lambda(R_\theta)$, CCZ などがある．

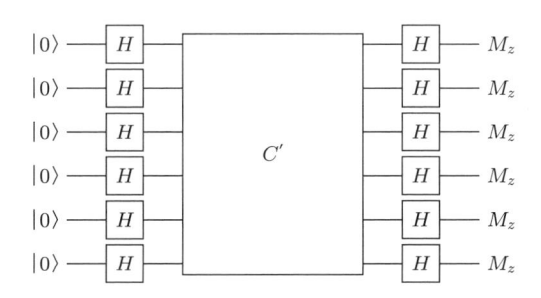

図 10.1　IQP 回路．M_z は計算基底による測定.

IQP において，H は最初と最後にしか作用できないため，このモデルはユニバーサル量子計算機ではないように見える．実際，Z 基底で対角行列であるような量子ゲートはユニタリ性より，対角成分はすべて $e^{i\alpha}$（α はある実数）のような絶対値 1 の複素数なので，任意の IQP 回路 C に対し，

$$
\begin{aligned}
|\langle +^n | C | 0^n \rangle|^2 &= \left| \langle +^n | H^{\otimes n} C' H^{\otimes n} | 0^n \rangle \right|^2 \\
&= \left| \langle 0^n | C' \frac{1}{\sqrt{2^n}} \sum_{z \in \{0,1\}^n} |z\rangle \right|^2 = \frac{1}{2^n} \left| \langle 0^n | \sum_{z \in \{0,1\}^n} e^{if(z)} |z\rangle \right|^2 \\
&= \frac{1}{2^n} \left| e^{if(0^n)} \right|^2 = \frac{1}{2^n}
\end{aligned}
$$

となる．つまり，IQP 回路では，状態 $|+^n\rangle$ に近い状態をつくることはできないのである．

　判定問題を考えるときは，通常 1 量子ビットのみ測定して 1 ビットの結果を得るが，IQP の場合，$O(\log(n))$ 個の量子ビットだけ測定するときの測定結果の確率分布は，古典計算機で多項式時間で厳密にサンプルできてしまうことが証明できる[18]．ここではもっと一般に，図 10.2 のような回路を考え，それについて証明しよう．ただし，C' は Z 基底で対角行列となる量子ゲートからなり，U は $m = O(\log(n))$ 個の量子ビットに作用する任意のユニタリゲート，V は $n - m$ 個の量子ビットに作用する任意のユニタリゲートである．$U = H^{\otimes m}, V = H^{\otimes n-m}$ とすると IQP 回路になる．

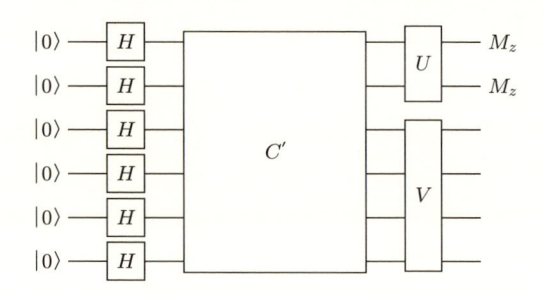

図 10.2　拡張された IQP 回路

　この回路において，$m = O(\log(n))$ 個の量子ビットのみ測定するとしよう．この測定の結果の確率分布が古典計算機で厳密にサンプルできることは，次のようにして証明できる．測定するレジスターのビット列を x，それ以外のレジスターのビット列を y で表すと，C' を作用させた直後の状態は

$$\frac{1}{\sqrt{2^n}} \sum_{x \in \{0,1\}^m} \sum_{y \in \{0,1\}^{n-m}} e^{if(x,y)} |x\rangle \otimes |y\rangle$$

である．測定しないレジスターに V を作用させ，トレースアウトすると，

$$\frac{1}{2^{n-m}} \sum_{y \in \{0,1\}^{n-m}} |\psi_y\rangle\langle\psi_y|$$

となる（トレースはユニタリ変換に対し不変なので，V を作用させないでトレースをとってしまってもよい）．ただし，

$$|\psi_y\rangle \equiv \frac{1}{\sqrt{2^m}} \sum_{x \in \{0,1\}^m} e^{if(x,y)} |x\rangle$$

である．これに U を作用させてから計算基底で測定して $z \in \{0,1\}^m$ を得る確率 p_z は，

$$p_z \equiv \frac{1}{2^{n-m}} \sum_{y \in \{0,1\}^{n-m}} \langle z|U|\psi_y \rangle \langle \psi_y|U^\dagger|z \rangle$$

$$= \frac{1}{2^{n-m}} \sum_{y \in \{0,1\}^{n-m}} |\langle z|U|\psi_y \rangle|^2$$

である．状態 $|\psi_y\rangle$ は $O(\log(n))$ 量子ビット状態なので，$|\langle z|U|\psi_y \rangle|^2$ は古典計算機で多項式時間で厳密に計算できる．したがって，まず $y \in \{0,1\}^{n-m}$ を一様ランダムに選び，次にその y に対して $|\langle z|U|\psi_y \rangle|^2$ を計算し，そして最後に確率 $|\langle z|U|\psi_y \rangle|^2$ で z を出力するような多項式時間確率的古典計算機を用いれば，$\{p_z\}_z$ をサンプルすることができる．

すべての $y \in \{0,1\}^{n-m}$ に対して $|\langle z|U|\psi_y \rangle|^2$ を計算し，その後それらを足して 2^{n-m} で割れば，$\{p_z\}_z$ のサンプルではなくて厳密計算が可能であるように思うかもしれない．しかし，$|\{0,1\}^{n-m}| = 2^{n-m} = 2^n/poly(n)$ なので，指数関数回足し算を行わないといけないため，多項式時間ではそれは行うことができない．

このように，IQP を考えるときは，$O(\log(n))$ 量子ビットの測定結果は古典計算機で厳密にサンプルできてしまうため，判定問題ではなく，多項式個の量子ビットを測定してその結果の確率分布をサンプルするようなサンプル問題を考えるのが適切なのである．

10.4　IQP の乗的エラー古典サンプル不可能性

前節では，$O(\log(n))$ 個の量子ビットの測定であれば，その測定結果の確率分布は古典計算機で厳密にサンプルできることを見た．しかし，これから見ていくように，$poly(n)$ 個の量子ビットを測定したときの結果の確率分布のサンプルは不可能である．まず，この節では乗的エラーサンプルが不可能であることを見る．次節では L1 ノルムエラーを考える．

Bremner，Jozsa，Shepherd らは，IQP の $poly(n)$ 個の量子ビットを測定したときの結果の確率分布が，多項式時間古典計算機で 1 未満の定数の乗的エラーでサンプルできれば，多項式階層が第 3 レベルで崩壊することを証明した[18]．多項式階層が第 3 レベルで崩壊することは信じられていないため，この結果は，IQP のそのような古典シミュレートが不可能であることを示唆している．

彼らの証明は，アダマールガジェット（Hadamard gadget）とよばれる方法に基づ

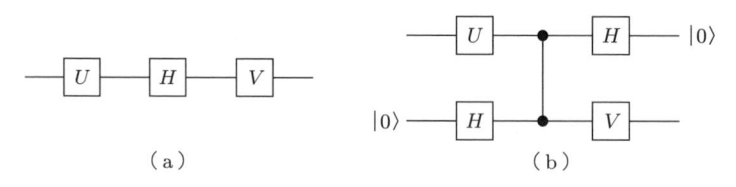

図 10.3 アダマールガジェット

いている. 図 10.3 に示すように，アダマールゲートを作用させること（図 10.3(a)）は，$|+\rangle$ に用意されたアンシラ量子ビットを CZ でエンタングルさせ，系を $|+\rangle$ にポストセレクトすること（図 10.3(b)）と等価である．したがって，回路中のアダマールゲートはすべて最初と最後に移動させることができる．アダマールと Z 基底で対角なゲートはユニバーサルなので，このようにしてアダマールをすべて最初と最後に移動させれば，任意の量子回路はポストセレクション付き IQP 回路で書ける．

任意の量子回路がポストセレクション付きの IQP 回路で記述できるという結果は，次のように，測定型量子計算を使って示すこともできる．測定型量子計算においては，まず $|+\rangle^{\otimes n}$ を用意し，それらの間にグラフの形に基づいて CZ ゲートを作用させ，その後各量子ビットを $\{e^{iZ\theta}H|0\rangle, e^{iZ\theta}H|1\rangle\}$ 基底で adaptive に測定すればユニバーサル量子計算が実現できるのであった．CZ も $e^{iZ\theta}$ も Z 基底で対角な行列なので，non-adaptive な測定型量子計算は，IQP 回路になっていることがすぐにわかる．non-adaptive なので，これはユニバーサル量子計算はできないが，もしポストセレクションできるならば，副次的演算子が出現しないような測定が常にできるので，non-adaptive でも常に正しいユニバーサル量子計算が可能となるのである．

ポストセレクションを使えば IQP で任意の量子回路をシミュレートできるという結果を使うと，IQP の乗的エラー古典サンプル不可能性を証明することができる[18]．postBQP に入る言語 L を考えよう．インスタンス x に対応する量子回路を V_x とし，V_x をポストセレクション付き IQP 回路に書き直したものを C_x とする．C_x は出力ポートとして $a, b, b_1, b_2, \ldots, b_k$ をもつ（$k = poly(n)$）．ただし，a は V_x の判定結果を出すポート，b は V_x のポストセレクションポート，$b_1, b_2, \ldots, b_k$ は V_x を IQP 化する際に必要となるポストセレクションポートとする．定数 $0 \leq c < 1$ に対し，ある古典サンプラーが存在して，

$$|p(a, b, b_1, b_2, \ldots, b_k) - q(a, b, b_1, b_2, \ldots, b_k)| \leq cp(a, b, b_1, b_2, \ldots, b_k)$$
$$|p(b, b_1, b_2, \ldots, b_k) - q(b, b_1, b_2, \ldots, b_k)| \leq cp(b, b_1, b_2, \ldots, b_k)$$

が成り立つと仮定しよう．ただし，p は C_x の出力確率分布，q は古典サンプラーの出力確率分布である．すると，任意の多項式 r に対し，$x \in L$ のとき，

$$q(a=1|b=b_1=b_2=\cdots=b_k=1)=\frac{q(a=1,\,b=b_1=b_2=\cdots=b_k=1)}{q(b=b_1=b_2=\cdots=b_k=1)}$$

$$\geq\frac{1-c}{1+c}\frac{p(a=1,\,b=b_1=b_2=\cdots=b_k=1)}{p(b=b_1=b_2=\cdots=b_k=1)}$$

$$=\frac{1-c}{1+c}p(a=1|b=b_1=b_2=\cdots=b_k=1)$$

$$\geq\frac{1-c}{1+c}(1-2^{-r})$$

$x \notin L$ のとき，

$$q(a=1|b=b_1=b_2=\cdots=b_k=1)=\frac{q(a=1,\,b=b_1=b_2=\cdots=b_k=1)}{q(b=b_1=b_2=\cdots=b_k=1)}$$

$$\leq\frac{1+c}{1-c}\frac{p(a=1,\,b=b_1=b_2=\cdots=b_k=1)}{p(b=b_1=b_2=\cdots=b_k=1)}$$

$$=\frac{1+c}{1-c}p(a=1|b=b_1=b_2=\cdots=b_k=1)$$

$$\leq\frac{1+c}{1-c}2^{-r}$$

となる．また，ある多項式 s が存在して，

$$q(b=b_1=b_2=\cdots=b_k=1)\geq(1-c)p(b=b_1=b_2=\cdots=b_k=1)$$

$$\geq(1-c)2^{-s}$$

である．したがって，$L\in\mathrm{postBPP}$ であることがいえた．よって，$\mathrm{postBQP}\subseteq$ $\mathrm{postBPP}$ が成り立つ．第 9 章で見たように，$\mathrm{postBQP}$ は PP と等価であった．したがって，Toda の定理[93] より

$$\mathrm{PH}\subseteq\mathrm{P}^{\mathrm{PP}}=\mathrm{P}^{\mathrm{postBQP}}\subseteq\mathrm{P}^{\mathrm{postBPP}}\subseteq\Delta_3$$

となり，多項式階層が第 3 レベルで崩壊することになる（ただし，Δ_3 は多項式階層の第 3 レベルである）．

　ちなみに，上記の証明でわかるように，ポストセレクトしたときにユニバーサル量子計算ができればよいので，古典サンプル不可能な IQP 回路としては，任意のものを考える必要はなく，たとえば，C' が CZ と $e^{iZ\pi/4}$ のみで構成されるものを考えれば十分であることもわかる．

　また，とくに 2 次元正方格子上のグラフ状態を使った non-adaptive な測定型量子計算は 4 ステップで行える．つまり，深さ 4 の回路である．したがって，上記の

証明より，深さ 4 の量子回路の古典シミュレート不可能性が証明できたことになる．なお，この証明は，Terhal–DiVincenzo の証明よりはるかにシンプルである．さらに，この証明では多項式階層の第 3 レベルでの崩壊がいえるので，彼女らの結果（BQP $\subseteq$ AM）よりも強力である．

　最近，ポストセレクション付きの計算量クラスではなく，第 6 章で紹介した NQP を使うと，多項式階層の崩壊を第 3 レベルから第 2 レベルまで拡張することができることが証明された[29]．この証明を紹介しよう．

　いま，言語 L が NQP に入るとしよう．すると，ある多項式時間一様生成可能量子回路族 $\{V_x\}_x$ が存在し，受理確率 p_{acc} は $x \in L$ のとき $p_{\mathrm{acc}} > 0$, $x \notin L$ のとき $p_{\mathrm{acc}} = 0$ となる．回路 V_x をシミュレートするポストセレクション付き IQP 回路を C としよう．つまり，ある k に対し，

$$\frac{(I^{\otimes n} \otimes |0\rangle\langle 0|^{\otimes k})C|0^{n+k}\rangle}{\sqrt{\langle 0^{n+k}|C^\dagger(I^{\otimes n} \otimes |0\rangle\langle 0|^{\otimes k})C|0^{n+k}\rangle}} = (V_x|0^n\rangle) \otimes |0^k\rangle$$

となる．すると，

$$p_{\mathrm{acc}} = \langle 0^n|V_x^\dagger(|0\rangle\langle 0| \otimes I^{\otimes n-1})V_x|0^n\rangle$$
$$= \frac{\langle 0^{n+k}|C^\dagger(|0\rangle\langle 0| \otimes I^{\otimes n-1} \otimes |0\rangle\langle 0|^{\otimes k})C|0^{n+k}\rangle}{\langle 0^{n+k}|C^\dagger(I^{\otimes n} \otimes |0\rangle\langle 0|^{\otimes k})C|0^{n+k}\rangle} \equiv \frac{a}{b}$$

となる．仮定より，IQP 回路の出力確率分布が乗的エラー $0 \leq c < 1$ で多項式時間古典計算機でサンプルできるので，ある古典サンプラーが存在して，

$$|a - q| \leq ca$$

が成り立つ．ここで，q は古典サンプラーの出力確率である．したがって，$x \in L$ のとき，

$$q \geq (1 - c)a = (1 - c)bp_{\mathrm{acc}} > 0$$

$x \notin L$ のとき，

$$q \leq (1 + c)a = (1 + c)bp_{\mathrm{acc}} = 0$$

となり，L は NP に入ることになる．つまり，NQP $\subseteq$ NP であり，これは

$$\mathrm{PH} \subseteq \mathrm{BP} \cdot \mathrm{coC_=P} = \mathrm{BP} \cdot \mathrm{NQP} = \mathrm{BP} \cdot \mathrm{NP} = \mathrm{AM}$$

のように，多項式階層の第 2 レベルでの崩壊を意味する．

10.5 IQP の L1 ノルムエラー古典サンプル不可能性

　乗的エラーでのサンプリングは厳しい要請であるため，より要請の緩い定数 L1 エラーサンプリングでも，古典サンプル不可能性が証明できるのが望ましい．実際，本書では触れないが，ほかの非ユニバーサル量子計算モデルである相互作用のないボソンモデルの場合，乗的エラーだけでなく，定数 L1 ノルムエラーでも，（多項式階層が第3レベルで崩壊しない限り）古典サンプルが不可能であることが証明されている[3]（ただし，その結果を証明するために，まだ証明されていない二つの数学的予想の正しさを仮定している）．

　Bremner, Montanaro, Shepherd らは，IQP の場合も同様に，定数 L1 ノルムエラーでも，多項式階層が第3レベルで崩壊しない限り古典サンプルが不可能であることを証明した[19]．証明は，ボソンサンプリングの場合と同じ議論に基づいている．ここで簡単に紹介しよう．

　n 量子ビット IQP 回路 C のすべての量子ビットを測定したときに $z \in \{0,1\}^n$ が得られる確率を p_z，古典サンプラーから z が得られる確率を q_z とするとき，

$$\sum_{z \in \{0,1\}^n} |p_z - q_z| \leq \epsilon$$

が成り立つと仮定しよう．ここで，ϵ はある定数である（たとえば，$\epsilon = 1/192$ ととる）．すると，マルコフ不等式より，任意の定数 $\delta > 0$ に対し，

$$\Pr_z\left[|p_z - q_z| \geq \frac{\epsilon}{2^n \delta}\right] \leq \frac{2^n \delta (1/2^n) \sum_z |p_z - q_z|}{\epsilon} \leq \delta$$

が成立する．これは，直感的には，多くの z について $|p_z - q_z|$ が小さいという意味である．厳密計算や乗的エラー近似の場合，任意の z について $|p_z - q_z|$ が小さいと仮定できた．ある z については p_z の計算は #P 困難であるため，これが古典で近似できるということは多項式階層の崩壊を意味した．そのような z は最も計算量が複雑な worst case なので，つまり，その worst case を使うことができたのである．しかし，L1 ノルム近似の場合，$\sum_z |p_z - q_z|$ が小さいことしか保証されていないので，そのような最悪の z に対して $|p_z - q_z|$ が小さくなるかどうかはわからない．そこで，マルコフ不等式を使うことにより，多くの z に対して $|p_z - q_z|$ が小さいということを導く．そして，従来は worst case について #P 困難が証明されているような問題が，worst case だけでなく，多くのケースについても #P 困難であろうというような予想を設定するのである．つまり，このような予想は，worst case での計算量複雑性が average case でのそれに拡張できるという予想である（予想であり，証明は

まだされていない). 相互作用のないボソンの L1 ノルムエラー古典サンプル不可能性や, いま説明している IQP のそれは, このような worst-case vs. average-case 予想を仮定しているのである.

IQP 回路の構造により,

$$\langle z|C|0^n\rangle = \langle 0^n|H^{\otimes n}\left(\bigotimes_{i=1}^{n} Z_i^{z_i}\right)C'H^{\otimes n}|0^n\rangle$$

となるので, $|\langle z|C|0^n\rangle|^2$ において z をランダムに振るというのは, $|\langle 0^n|C|0^n\rangle|^2$ において C をランダムに振ることに対応する. $|\langle 0^n|C|0^n\rangle|^2$ はイジングモデルの分配関数 (後で定義する) や, F_2 上の 3 次多項式の GapP 関数と対応することが知られている. それらは worst case (つまりある特定の分配関数や多項式) では #P 困難であることが知られているので, average case (つまり多くの分配関数や多項式) でもそうであろうという予想を仮定すれば, IQP の L1 ノルムでの古典シミュレート不可能性を証明することができるのである.

以上が直感的な説明であるが, 具体的な計算をもう少し続けよう. Stockmeyer の定理[88] より,

$$|q_z - \tilde{q}_z| \leq \frac{q_z}{poly}$$

を満たすような $\tilde{q}_z$ を出力する FBPP^{NP} アルゴリズムが存在する. したがって, $1 - \delta$ 以上の割合の z に対して,

$$\begin{aligned}|\tilde{q}_z - p_z| &\leq |\tilde{q}_z - q_z| + |q_z - p_z| \leq \frac{q_z}{poly} + |q_z - p_z| \\ &\leq \frac{p_z + |q_z - p_z|}{poly} + |q_z - p_z| = \frac{p_z}{poly} + |q_z - p_z|\left(1 + \frac{1}{poly}\right) \\ &\leq \frac{p_z}{poly} + \frac{\epsilon}{2^n \delta}\left(1 + \frac{1}{poly}\right)\end{aligned}$$

が成り立つ. ここで,

$$\begin{aligned}p_z &= |\langle z|C|0^n\rangle|^2 = |\langle z|H^{\otimes n}C'H^{\otimes n}|0^n\rangle|^2 \\ &= \left|\langle 0^n|H^{\otimes n}\left(\bigotimes_{i=1}^{n} Z_i^{z_i}\right)C'H^{\otimes n}|0^n\rangle\right|^2 \equiv |\langle 0^n|C_z|0^n\rangle|^2\end{aligned}$$

なので, z をランダムに振ることは, C_z をランダムに振ることと等価である. したがって, $1 - \delta$ 以上の割合の C_z に対し,

$$\left|\tilde{q}_z - |\langle 0^n|C_z|0^n\rangle|^2\right| \le \frac{|\langle 0^n|C_z|0^n\rangle|^2}{poly} + \frac{\epsilon}{2^n\delta}\left(1 + \frac{1}{poly}\right)$$

であるといえる．さらに，これは任意の C について成り立つので，C_z の z を振るのではなく，C そのものを（ある構造のもと）振っても等価である（どういう構造で振るかについては後で説明する）．つまり，$1 - \delta$ 以上の割合の C に対し，

$$\left|\tilde{q}_z - |\langle 0^n|C|0^n\rangle|^2\right| \le \frac{|\langle 0^n|C|0^n\rangle|^2}{poly} + \frac{\epsilon}{2^n\delta}\left(1 + \frac{1}{poly}\right)$$

であるといえる．

そして，Paley–Zygmund 不等式より，

$$\mathrm{Pr}_C\left[|\langle 0^n|C|0^n\rangle|^2 \ge \alpha E\left(|\langle 0^n|C|0^n\rangle|^2\right)\right] \ge (1-\alpha)^2 \frac{E\left(|\langle 0^n|C|0^n\rangle|^2\right)^2}{E\left(|\langle 0^n|C|0^n\rangle|^4\right)}$$

が成り立つ．ただし，E は C についての平均である．まず，

$$E_C\left(|\langle 0^n|C|0^n\rangle|^2\right) = E_{C'}\frac{1}{2^n}\sum_{z\in\{0,1\}^n}\left|\langle 0^n|H^{\otimes n}\left(\bigotimes_{i=1}^{n}Z_i^{z_i}\right)C'H^{\otimes n}|0^n\rangle\right|^2$$

$$= E_{C'}\frac{1}{2^n}\sum_{z\in\{0,1\}^n}|\langle z|H^{\otimes n}C'H^{\otimes n}|0^n\rangle|^2 = \frac{1}{2^n}$$

であり，さらに，ある例（後で詳しく説明する）においては，

$$E_C\left(|\langle 0^n|C|0^n\rangle|^4\right) \le \frac{3}{2^{2n}} \tag{10.1}$$

が成り立つことが示せる．したがって，$\alpha = 1/2$ とすると，

$$\mathrm{Pr}_C\left[|\langle 0^n|C|0^n\rangle|^2 \ge \frac{1}{2^{n+1}}\right] \ge \frac{1}{12}$$

となる．よって，$\delta = 1/24$ ととると，$1/24$ 以上の割合の C に対し

$$\left|\tilde{q}_z - |\langle 0^n|C|0^n\rangle|^2\right|^2 \le |\langle 0^n|C|0^n\rangle|^2\left(\frac{1}{4} + \frac{1}{poly}\right)$$

となる．つまり，$|\langle 0^n|C|0^n\rangle|^2$ が $\mathrm{FBPP}^{\mathrm{NP}}$ アルゴリズムで乗的エラー $1/4 + o(1)$ で近似できることになる．もし，$1/24$ 以上の割合の C に対して，$|\langle 0^n|C|0^n\rangle|^2$ を乗的エラー $1/4 + o(1)$ で近似するのが $\#\mathrm{P}$ 困難であるなら，これは $\#\mathrm{P}$ 困難関数が $\mathrm{FBPP}^{\mathrm{NP}}$ アルゴリズムで計算できることになるので，多項式階層の第 3 レベルでの

崩壊を招く．Bremner，Montanaro，Shepherd らは，二つの例においては，この
ようなことが成り立つだろうと予想している．さらに，その二つの例においては，
式 (10.1) が成り立つことを示した（ちなみに，相互作用のないボソンモデルの場合，
式 (10.1) は証明できず，予想として仮定されている）．

　一つ目の例は，F_2 上の 3 次多項式 $f : \{0,1\}^n \to \{0,1\}$

$$f(x) = \sum_{i,j,k} \alpha_{ijk} x_i x_j x_k + \sum_{i,j} \beta_{ij} x_i x_j + \sum_i \gamma_i x_i \quad (\mathrm{mod}\ 2)$$

である．ただし，$\alpha_{ijk}, \beta_{ij}, \gamma_i \in \{0,1\}$ である．$gap(f)$ という量を

$$gap(f) \equiv \left| \{x \in \{0,1\}^n | f(x) = 0\} \right| - \left| \{x \in \{0,1\}^n | f(x) = 1\} \right|$$

と定義すると，任意の f に対し，H, Z, CZ, CCZ のみからなる IQP 回路 C_f で，

$$\langle 0^n | C_f | 0^n \rangle = \frac{gap(f)}{2^n}$$

を満たすものが存在する．実際，

$$C_f = H^{\otimes n} \left(\prod_{i,j,k} CCZ_{i,j,k}^{\alpha_{i,j,k}} \right) \left(\prod_{i,j} CZ_{i,j}^{\beta_{i,j}} \right) \left(\prod_i Z_i^{\gamma_i} \right) H^{\otimes n}$$

とすれば，

$$\langle 0^n | C_f | 0^n \rangle = \frac{1}{2^n} \sum_{x \in \{0,1\}^n} (-1)^{\sum_{i,j,k} \alpha_{i,j,k} x_i x_j x_k + \sum_{i,j} \beta_{i,j} x_i x_j + \sum_i \gamma_i x_i}$$

$$= \frac{1}{2^n} \sum_{x \in \{0,1\}^n} (-1)^{f(x)} = \frac{gap(f)}{2^n}$$

となる．$gap(f)/2^n$ を厳密に（もしくは $1/2$ 以下の定数の乗的エラーで）計算する
のは，最悪の f については #P 困難であることが知られている．ちなみに，f が 2 次
多項式の場合，上記と同様にして，ある C_f が存在することになるが，C_f は H と Z
と CZ しか使わないため，Gottesman–Knill の定理より，$\langle 0^n | C_f | 0^n \rangle = gap(f)/2^n$
の値は古典計算機で多項式時間で計算できてしまう．つまり，f は 3 次以上でなけ
ればならず，したがって CCZ の存在が重要なのである．

　3 次多項式 f において，$\alpha_{i,j,k}, \beta_{i,j}, \gamma_i$ をランダムに選ぶとき，式 (10.1) が成り
立つことが文献 [19] で示された（実際は $\beta_{i,j}, \gamma_i$ だけランダムに振ればよい）．した
がって，後は「f をランダムに選んだとき，1/24 の割合の f については，$1/4 + o(1)$

の乗的エラー $|gap(f)/2^n|^2$ を計算することは #P 困難である」という予想が正しければ，我々の望む IQP の古典シミュレート困難性がいえる．

　もう一つの例は，イジングモデルの分配関数である（IQP とイジングモデルの分配関数の関係については文献 [30, 53] が詳しい）．イジングモデルの分配関数とは，次のように定義される量である．

$$Z(\omega) \equiv \sum_{z \in \{\pm 1\}^n} \omega^{\sum_{i<j} w_{i,j} z_i z_j + \sum_k v_k z_k}$$

ここで，ω は複素数，$w_{i,j}$，v_k は実数である．任意の分配関数 Z に対し，H, $e^{i\theta Z}$，$e^{i\theta Z \otimes Z}$ のみから構成される IQP 回路 C が存在し，

$$\langle 0^n | C | 0^n \rangle = \frac{Z}{2^n}$$

が成り立つ．実際，

$$\langle 0^n | C | 0^n \rangle = \langle 0^n | H^{\otimes n} e^{i\theta(\sum_{i<j} w_{i,j} Z_i Z_j + \sum_i v_i Z_i)} H^{\otimes n} | 0^n \rangle$$
$$= \frac{1}{2^n} \sum_{x \in \{0,1\}^n} e^{i\theta(\sum_{i<j} w_{i,j}(-1)^{x_i x_j} + \sum_i v_i(-1)^{x_i})} = \frac{Z(e^{i\theta})}{2^n}$$

となる．イジングモデルの分配関数の場合も，同様に式 (10.1) が成り立つことが示された[19]．イジングモデルの分配関数の場合も，worst case については #P 困難性がいえるので[30]，average case での #P 困難性を仮定すれば，IQP の古典シミュレート不可能性が証明できる．

10.6　IQP の出力確率分布の計算

　ここまでは，IQP の出力確率分布の古典計算機によるサンプリングを考えた．$O(\log(n))$ 個の量子ビットを測定したときの結果の確率分布は厳密にサンプル可能であったが，$poly(n)$ 個の量子ビットの場合は乗的エラーサンプルは（多項式階層が崩壊しない限り）不可能であった．では，IQP の出力確率分布のサンプリングではなくて，計算はどうなるだろうか？

　まず，$poly(n)$ 個の量子ビットの測定結果の確率を厳密に，もしくは 1 未満の定数の乗的エラーで計算できるなら，postBQP 問題が解けることを示す．$\mathrm{P^{PP}} = \mathrm{P^{\#P}}$ なので，これはつまり #P 問題が解けることを意味する．実際，ある定数 $0 \le c < 1$ に対し，

$$|\tilde{q}_1 - p(a=1, b=b_1=b_2=\cdots=b_k=1)| \le cp(a=1, b=b_1=b_2=\cdots=b_k=1)$$

$$|\tilde{q}_2 - p(b=b_1=b_2=\cdots=b_k=1)| \le cp(b=b_1=b_2=\cdots=b_k=1)$$

となる $\tilde{q}_1, \tilde{q}_2$ が計算できるとすると，postBQP に入る言語 L に対し，$x \in L$ のとき，

$$\frac{\tilde{q}_1}{\tilde{q}_2} \ge \frac{1-c}{1+c}\frac{p(a=1, b=b_1=b_2=\cdots=b_k=1)}{p(b=b_1=b_2=\cdots=b_k=1)}$$

$$= \frac{1-c}{1+c}p(a=1|b=b_1=b_2=\cdots=b_k=1) \ge \frac{1-c}{1+c}(1-2^{-r})$$

$x \notin L$ のとき，

$$\frac{\tilde{q}_1}{\tilde{q}_2} \le \frac{1+c}{1-c}\frac{p(a=1, b=b_1=b_2=\cdots=b_k=1)}{p(b=b_1=b_2=\cdots=b_k=1)}$$

$$= \frac{1+c}{1-c}p(a=1|b=b_1=b_2=\cdots=b_k=1) \le \frac{1+c}{1-c}2^{-r}$$

となるので，$\tilde{q}_1/\tilde{q}_2$ を計算することにより L が解ける．

次に，$O(\log(n))$ 量子ビットの場合を考えよう．まず，厳密計算は，1 量子ビットの場合ですら GapP 完全であることが次のようにして示せる．まず，GapP に含まれることに対しては，任意の量子計算の出力確率分布は GapP 関数で表すことができることを思い出せば，明らかである．逆に，GapP 困難であることについては，次のように証明できる．IQP 回路 $C = H^{\otimes n}C'H^{\otimes n}$ に対し，図 10.4 のような回路を考えよう．この回路自身，IQP であり，測定値 0 を得る確率 p は

$$p = \frac{1 + \langle 0^n|C|0^n \rangle}{2}$$

となる．したがって，p が厳密計算できるなら $\langle 0^n|C|0^n \rangle$ も厳密計算できるが，$\langle 0^n|C|0^n \rangle$ の厳密計算は GapP 困難である[19]．

そして，乗的エラー計算については，少なくとも FBPP[NP] アルゴリズムで $1/poly$ の乗的エラーで計算可能であることが，以下のようにして証明できる．まず，厳密サンプル可能であることより，IQP の出力確率分布を $\{p_z\}_z$，古典サンプラーのそ

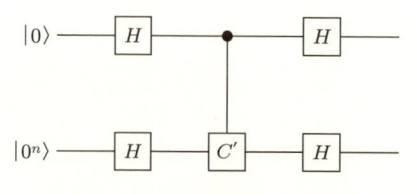

図 10.4 GapP 困難性を示す回路

れを $\{q_z\}_z$ とすると，$p_z = q_z$ が成り立つ．Stockmeyer の定理より，ある FBPP^{NP} アルゴリズムが存在して，

$$|\tilde{q}_z - q_z| \leq \frac{q_z}{poly}$$

となる $\tilde{q}_z$ が計算できるので，

$$|\tilde{q}_z - p_z| \leq \frac{p_z}{poly}$$

となり，証明が完了する．

10.7 DQC1

　DQC1 モデル（もしくは one-clean qubit モデル）は，もともとは NMR 量子計算機を記述するモデルとして，Knill と Laflamme により提案された[48]．NMR 量子計算機においては，量子ビットを純粋状態に初期化するのが難しいため，計算の初期状態は非常に混合度の高いものとなるが，それを数学的にモデル化したものである．

　自然数 $1 \leq k \leq n+1$ に対し，$n+1$ 量子ビット DQC1$_k$ 回路は次のように定義される．まず，初期状態は 1 番目の量子ビットのみ純粋で，それ以外はすべて完全混合状態である．

$$|0\rangle\langle 0| \otimes \frac{I^{\otimes n}}{2^n}$$

ここで，$I \equiv |0\rangle\langle 0| + |1\rangle\langle 1|$ は 2 次元単位演算子である．この初期状態に任意の $n+1$ 量子ビットユニタリ演算子を作用させる．

$$U\left(|0\rangle\langle 0| \otimes \frac{I^{\otimes n}}{2^n}\right)U^\dagger$$

最後に，k 個の量子ビットを計算基底で測定する．値 $z \in \{0,1\}^k$ を得る確率は，

$$p_z \equiv \mathrm{Tr}\left[(|z\rangle\langle z| \otimes I^{\otimes n+1-k})U\left(|0\rangle\langle 0| \otimes \frac{I^{\otimes n}}{2^n}\right)U^\dagger\right]$$

となる．

　このモデルはユニバーサル量子計算機でない．実際，たとえば任意の $n+1$ 量子ビットユニタリ演算子 U に対し，

$$\langle 0^{n+1}|U\left(|0\rangle\langle 0|\otimes\frac{I^{\otimes n}}{2^n}\right)U^\dagger|0^{n+1}\rangle = \frac{1}{2^n}\langle 0^{n+1}|U(|0\rangle\langle 0|\otimes I^{\otimes n})U^\dagger|0^{n+1}\rangle$$
$$\leq \frac{1}{2^n}$$

なので，$|0^{n+1}\rangle$ に近い状態を生成することはできない．さらに，自然な方法では DQC1 モデルは通常の（つまり初期状態が $|0^n\rangle$ の）量子計算をシミュレートできないことが証明されている[9]．それどころか，このモデルは，古典計算機で効率的にシミュレートできそうにすら見える．たとえば，初期状態における唯一の純粋量子ビットが完全混合状態に置き換われば，任意のユニタリ演算子 U に対し

$$U\frac{I^{\otimes n+1}}{2^{n+1}}U^\dagger = \frac{I^{\otimes n+1}}{2^{n+1}}$$

なので，トリビアルにシミュレート可能である．たった一つの純粋な量子ビットの存在が大きな変化を引き起こすようには見えないので，DQC1 も古典計算機で効率的にシミュレートできそうである．

　ところが驚くことに，DQC1 モデルは，これまで古典計算機では効率的に解く方法が知られていないような問題（Jones 多項式の計算など[84]）を効率的に解くことができるのである．したがって，DQC1 モデルは，ユニバーサルではないが古典計算機よりは強力な量子計算モデルであると信じられてきた．

　しかし，DQC1 モデルは本当に古典計算機より強力なのだろうか？ Jones 多項式が効率的に計算できるということは，DQC1 モデルが真に古典計算機よりも強力であることの証拠としてはそれほど強くない．なぜなら，単にこれまで Jones 多項式を古典で効率的に計算する方法が「知られていない」というだけであり，古典計算機では効率的に計算できないという数学的証明が存在するわけではないので，明日にでも誰かが Jones 多項式の効率的な古典アルゴリズムを見つけるかもしれない．そうなった日には，もはや DQC1 モデルが古典計算機より強力であるとはいえなくなってしまう．これから次節以降で述べるように，最近，DQC1 モデルの出力確率分布が古典計算機で効率的にサンプルできたら，多項式階層が崩壊することが証明された[29, 63, 65]．計算機科学においては，多項式階層の崩壊は起こらないだろうと非常に強く信じられているため，これは DQC1 モデルの古典シミュレート不可能性を強く示唆する．つまり，上記の Jones 多項式の例よりも，この結果のほうがより強い基盤に基づいているといえる．

10.8　DQC1$_3$ の乗的エラー古典サンプル不可能性

　文献 [65] において，DQC1 モデルの三つの出力量子ビットを測定したときの確率分布が古典計算機で定数の乗的エラーで効率的にサンプルできれば，多項式階層が第 3 レベルで崩壊することが証明された．多項式階層が第 3 レベルで崩壊することは信じられていないため，この結果は，IQP のときと同様，DQC1 モデルがサンプリング問題においては古典計算機より真に強力であることを示しているといえる．

　IQP のときと同様，この証明にも，ポストセレクションのアイデアを用いている．言語 L が postBQP に入ると仮定しよう．すると，ある多項式時間一様生成可能量子回路族 $\{V_x\}_x$ が存在して，各 V_x の二つの出力量子ビット（それぞれ p と o とする）を測定したときの条件付確率分布が

$$p(o=1|p=1)\begin{cases} \geq 2/3 & (x \in L) \\ \leq 1/3 & (x \notin L) \end{cases}$$

を満たす．図 10.5 のような回路を考えよう．この回路の出力確率分布を $\tilde{p}$ とすると，

$$\tilde{p}(o=1|p=s=1)=p(o=1|p=1)$$

となることが確かめられる．したがって，もし DQC1$_3$ の確率分布が多項式時間古典計算機で厳密に，もしくは定数の乗的エラーでサンプルできれば postBQP $\subseteq$ postBPP がいえるので，IQP のときと同様にして，多項式階層の第 3 レベルでの崩壊が証明できる．

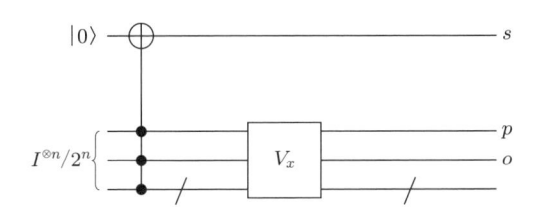

図 10.5　ポストセレクション付き DQC1$_3$ 回路

10.9　DQC1$_1$ の乗的エラー古典サンプル不可能性

　前節の結果は，文献 [29] において，DQC1 モデルの一つの出力量子ビットを測定したときの確率分布が古典計算機で効率的にサンプルできれば，多項式階層が第 2 レベルで崩壊するという結果に改良された．この証明は，ポストセレクションクラ

スではなく SBQP や NQP を使っている．言語 L が NQP に入ると仮定しよう．すると，ある多項式時間一様生成可能量子回路族 $\{V_x\}_x$ が存在して，各 V_x の一つの出力量子ビット（o とする）を測定したときの確率分布が

$$p(o=1) \begin{cases} > 0 & (x \in L) \\ = 0 & (x \notin L) \end{cases}$$

を満たす．図 10.6 のような $\mathrm{DQC1}_1$ 回路を考えると，この出力確率分布 $\tilde{p}$ は

$$\tilde{p}(o=1) = \frac{4p(o=1)p(o=0)}{2^n}$$

となることが確かめられる．したがって，もし $\mathrm{DQC1}_1$ の出力確率分布が厳密もしくは定数の乗的エラーで古典サンプル可能であるならば，$\mathrm{NQP} \subseteq \mathrm{NP}$ がいえ，多項式階層が第 2 レベルで崩壊する．

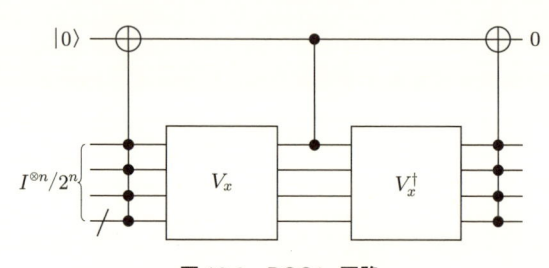

図 10.6　$\mathrm{DQC1}_1$ 回路

　ちなみに，面白いことに，1 量子ビットしか測定しないにもかかわらず，次のようにすれば，$\mathrm{NQP} = \mathrm{NP}$ という帰結ではなく $\mathrm{postBPP} = \mathrm{postBQP}$ という帰結も導くことができる．L を $\mathrm{postBQP}$ に入る言語とし，V_x をインスタンス x に対応する回路としよう．つまり，ある多項式 s が存在して，

$$b \equiv \langle 0^n | V_x^\dagger (|0\rangle\langle 0| \otimes I^{\otimes n-1}) V_x |0^n\rangle \geq 2^{-s}$$

が成り立つ．また，任意の多項式 r に対し，$x \in L$ のとき，

$$1 - 2^{-r} \leq \frac{a}{b} \leq 1$$

$x \notin L$ のとき，

$$0 \leq \frac{a}{b} \leq 2^{-r}$$

が成り立つ．ただし，

$$a \equiv \langle 0^n | V_x^\dagger (|0\rangle\langle 0| \otimes |0\rangle\langle 0| \otimes I^{\otimes n-2}) V_x | 0^n \rangle$$

である．ここで，$n+2$ 量子ビットユニタリ演算子 W_1 と W_2 を

$$W_1 \equiv (T_3 \otimes I^{\otimes n-2})(I \otimes H \otimes V_x)$$
$$W_2 \equiv (T_2 \otimes I^{\otimes n-1})(I \otimes H \otimes V_x)$$

と定義しよう．ただし，

$$T_k \equiv I \otimes |0\rangle\langle 0|^{\otimes k} + X \otimes (I^{\otimes k} - |0\rangle\langle 0|^{\otimes k})$$

である．すると，

$$\langle 0^{n+2} | W_1^\dagger (|0\rangle\langle 0| \otimes I^{\otimes n+1}) W_1 | 0^{n+2} \rangle = \frac{a}{2}$$
$$\langle 0^{n+2} | W_2^\dagger (|0\rangle\langle 0| \otimes I^{\otimes n+1}) W_2 | 0^{n+2} \rangle = \frac{b}{2}$$

となる．いま，任意の DQC1$_1$ 回路の出力確率分布が乗的エラー $0 \le c < 1$ で古典サンプル可能であると仮定しよう．すると，ある多項式時間古典サンプラーが存在して

$$\left| q_1 - \frac{a(2-a)}{2^{n+2}} \right| \le c\frac{a(2-a)}{2^{n+2}}, \qquad \left| q_2 - \frac{b(2-b)}{2^{n+2}} \right| \le c\frac{b(2-b)}{2^{n+2}}$$

となる．ただし，q_1, q_2 はその古典サンプラーの出力確率である．すると，

$$q_2 \ge (1-c)\frac{b(2-b)}{2^{n+2}} \ge (1-c)\frac{2^{-s}(2-1)}{2^{n+2}} = (1-c)\frac{2^{-s}}{2^{n+2}}$$

である．また，$x \in L$ のとき，

$$\frac{q_1}{q_2} \ge \frac{1-c}{1+c}\frac{a(2-a)}{b(2-b)} \ge \frac{1-c}{1+c}(1-2^{-r})\frac{1}{2}$$

となり，$x \notin L$ のとき，

$$\frac{q_1}{q_2} \le \frac{1+c}{1-c}\frac{a(2-a)}{b(2-b)} \le \frac{1+c}{1-c}\frac{a}{b}\frac{2}{2-1} \le \frac{1+c}{1-c}2^{-r}2$$

となるので，L は postBPP に入る．よって，postBQP $\subseteq$ postBPP が証明できた．

10.10 DQC1 の出力確率分布の計算

ここまでは，DQC1 の出力確率分布のサンプリングを考えてきた．それでは，サンプリングではなく，計算はどうなるだろうか？ この節では，DQC1$_1$ 回路の出力確率分布を乗的エラー $0 \le c < 1$ で計算することは #P 困難であることを証明する．

L を postBQP に入る言語とし，V_x をインスタンス x に対応する量子回路としよう．すると，ある多項式 s が存在して，

$$b \equiv \langle 0^n | V_x^\dagger (|0\rangle\langle 0| \otimes I^{\otimes n-1}) V_x | 0^n \rangle \ge 2^{-s}$$

が成り立つ．また，任意の多項式 r に対し，$x \in L$ のとき，

$$1 - 2^{-r} \le \frac{a}{b} \le 1$$

$x \notin L$ のとき，

$$0 \le \frac{a}{b} \le 2^{-r}$$

が成り立つ．ただし，

$$a \equiv \langle 0^n | V_x^\dagger (|0\rangle\langle 0| \otimes |0\rangle\langle 0| \otimes I^{\otimes n-2}) V_x | 0^n \rangle$$

である．

$n+2$ 量子ビットユニタリ演算子 W_1 と W_2 を

$$W_1 \equiv (T_3 \otimes I^{\otimes n-2})(I \otimes H \otimes V_x), \qquad W_2 \equiv (T_2 \otimes I^{\otimes n-1})(I \otimes H \otimes V_x)$$

と定義しよう．ただし，

$$T_k \equiv I \otimes |0\rangle\langle 0|^{\otimes k} + X \otimes (I^{\otimes k} - |0\rangle\langle 0|^{\otimes k})$$

である．すると，

$$\langle 0^{n+2} | W_1^\dagger (|0\rangle\langle 0| \otimes I^{\otimes n+1}) W_1 | 0^{n+2} \rangle = \frac{a}{2}$$
$$\langle 0^{n+2} | W_2^\dagger (|0\rangle\langle 0| \otimes I^{\otimes n+1}) W_2 | 0^{n+2} \rangle = \frac{b}{2}$$

となるので，もし任意の DQC1$_1$ 回路の出力確率分布を乗的エラー $0 \le c < 1$ で計算できるなら，

$$\left|\tilde{q}_1 - \frac{a(2-a)}{2^{n+2}}\right| \leq c\frac{a(2-a)}{2^{n+2}}, \qquad \left|\tilde{q}_2 - \frac{b(2-b)}{2^{n+2}}\right| \leq c\frac{b(2-b)}{2^{n+2}}$$

なる $\tilde{q}_1$ と $\tilde{q}_2$ が計算可能である．また，$x \in L$ のとき，

$$\frac{\tilde{q}_1}{\tilde{q}_2} \geq \frac{1-c}{1+c}\frac{a(2-a)}{b(2-b)} \geq \frac{1-c}{1+c}\frac{a}{b}\frac{2-1}{2} \geq \frac{1-c}{1+c}(1-2^{-r})\frac{1}{2}$$

であり，$x \notin L$ のとき，

$$\frac{\tilde{q}_1}{\tilde{q}_2} \leq \frac{1+c}{1-c}\frac{a(2-a)}{b(2-b)} \leq \frac{1+c}{1-c}\frac{a}{b}\frac{2}{1} \leq \frac{1+c}{1-c}2^{-r}2$$

となるので，postBQP = PP 問題が解ける．$\mathrm{P}^{\mathrm{PP}} = \mathrm{P}^{\#\mathrm{P}}$ なので，#P 問題が解けることになる．

10.11　Kuperberg 条件による postBQP の定義の DQC1 化

9.7 節において，postBQP の別定義として次を紹介した．

> **定理**　言語 L が postBQP に入ることと以下の条件（Kuperberg 条件とよぶ）は等価である．ある定数 $c > 1$ と二つの多項式時間一様生成可能量子回路族 $\{V_x\}_x$，$\{W_x\}_x$ が存在し，それぞれの受理確率を a, b とするとき，以下の三つがすべて満たされる．
>
> 1. ある多項式 s が存在して，常に $b \geq 2^{-s}$ が成立．
> 2. $x \in L$ のとき，$a > cb$ が成立．
> 3. $x \notin L$ のとき，$a < b/c$ が成立．

実は，ここで多項式時間一様生成可能量子回路族としては，$\mathrm{DQC1}_1$ 回路に限定してもよいことが証明できる．実際，いま上記の三つの条件を満たしているとしよう．すると，前節と同様の方法で，出力確率分布がそれぞれ

$$a' = \frac{a(2-a)}{2^{n+2}}, \qquad b' = \frac{b(2-b)}{2^{n+2}}$$

であるような二つの $n+3$ 量子ビット $\mathrm{DQC1}_1$ 回路 V'_x, W'_x をつくることができる．

$$b' = \frac{b(2-b)}{2^{n+2}} \geq \frac{2^{-s}}{2^{n+2}}$$

であるから，$x \in L$ のとき，

$$a' - \frac{c}{2}b' = \frac{a(2-a)}{2^{n+2}} - \frac{c}{2}\frac{b(2-b)}{2^{n+2}} \geq \frac{a-(c/2)2b}{2^{n+2}} = \frac{a-cb}{2^{n+2}} > 0$$

$x \notin L$ のとき，

$$\frac{2}{c}b' - a' = \frac{2}{c}\frac{b(2-b)}{2^{n+2}} - \frac{a(2-a)}{2^{n+2}} \geq \frac{(2/c)b-2a}{2^{n+2}} = \frac{2(b/c-a)}{2^{n+2}} > 0$$

となる．したがって，$a', b', c/2$ に対し，Kuperberg 条件が満たされる．

10.12　DQC1 の L1 ノルムエラー古典サンプル不可能性

　IQP やボソンサンプリングは，L1 ノルムエラーでのサンプル不可能性も（ある数学的予想の正しさのもとで）証明されている．DQC1 でもそれが可能なのだろうか？　この節では，実際にそうであることを示す[63]．

　以下のような予想を考えよう．

予想　各 n に対し，以下を満たすような $n+1$ 量子ビットユニタリ演算子の組 $\mathcal{U}_{n+1}$ が存在する．

$$f(z, U) \equiv \langle z|U(|0\rangle\langle 0| \otimes I^{\otimes n})U^\dagger|z\rangle$$

を乗的エラー $1/2$ 以下で，$1/6$ の割合以上の $(z, U) \in \{0,1\}^{n+1} \times \mathcal{U}_{n+1}$ について計算することは #P 困難である．

　この予想が正しいかどうかは，いまの時点ではわからない．しかし，少なくとも worst case では正しいことがわかる．たとえば，C を n 量子ビット IQP 回路とし，

$$U^\dagger = \left[I \otimes |0\rangle\langle 0|^{\otimes n} + X \otimes (I^{\otimes n} - |0\rangle\langle 0|^{\otimes n})\right](I \otimes C)$$

ととると

$$f(0^{n+1}, U) = |\langle 0^n|C|0^n\rangle|^2$$

となるが，10.5 節で見たように，$|\langle 0^n|C|0^n\rangle|^2$ を $1/2$ 以下の乗的エラーで計算することは #P 困難である．また，$f(0^n, U)$ は $DQC1_1$ 回路の出力確率分布をシミュレートできるので，10.10 節で見たように，その乗的エラー計算は #P 困難である．

　では，証明に入ろう．証明は IQP のときと同じであるが，1 点面白い違いとして

は，DQC1 の場合，anti-concentration lemma については非常に簡単に成り立つことがいえるのが特徴である．

ある古典サンプラーが存在して，任意の $U \in \cup_n \mathcal{U}_{n+1}$ に対して確率 $q_z(U)$ で $z \in \{0,1\}^{n+1}$ を出力し，

$$\sum_{z \in \{0,1\}^{n+1}} |p_z(U) - q_z(U)| \leq \epsilon$$

を満たすとしよう．ただし，$\epsilon = 1/36$ とおく．また，

$$p_z(U) \equiv \langle z|U\left(|0\rangle\langle 0| \otimes \frac{I^{\otimes n}}{2^n}\right)U^\dagger|z\rangle$$

である．マルコフ不等式より，

$$\Pr_{z,U}\left[|p_z(U) - q_z(U)| \geq \frac{\epsilon}{2^{n+1}\delta}\right] \leq \frac{2^{n+1}\delta}{\epsilon} \frac{1}{2^{n+1}|\mathcal{U}_{n+1}|}\sum_{U,z}|p_z(U) - q_z(U)|$$
$$\leq \delta$$

となる．Stockmeyer の定理より，ある FBPP^{NP} アルゴリズムが存在して，

$$|\tilde{q}_z(U) - q_z(U)| \leq \frac{q_z(U)}{poly}$$

となる $\tilde{q}_z(U)$ を出力する．よって，

$$
\begin{aligned}
|\tilde{q}_z(U) - p_z(U)| &\leq |\tilde{q}_z(U) - q_z(U)| + |q_z(U) - p_z(U)| \\
&\leq \frac{q_z(U)}{poly} + |q_z(U) - p_z(U)| \\
&= \frac{p_z(U) + q_z(U) - p_z(U)}{poly} + |q_z(U) - p_z(U)| \\
&\leq \frac{p_z(U) + |q_z(U) - p_z(U)|}{poly} + |q_z(U) - p_z(U)| \\
&= \frac{p_z(U)}{poly} + |q_z(U) - p_z(U)|\left(1 + \frac{1}{poly}\right) \\
&< \frac{p_z(U)}{poly} + \frac{\epsilon}{2^{n+1}\delta}\left(1 + \frac{1}{poly}\right)
\end{aligned}
$$

が $1 - \delta$ 以上の (z, U) について成り立つ．

ここで，$S \subseteq \{0,1\}^{n+1} \times \mathcal{U}_{n+1}$ を

$$\frac{\epsilon}{2^{n+1}\delta} \leq \frac{p_z(U)}{3}$$

を満たす (z, U) の集合としよう.

$$p_z(U) = \langle z|U\left(|0\rangle\langle 0| \otimes \frac{I^{\otimes n}}{2^n}\right)U^\dagger|z\rangle$$
$$= \frac{1}{2^n}\langle z|U(|0\rangle\langle 0| \otimes I^{\otimes n})U^\dagger|z\rangle \leq \frac{1}{2^n} \times 1 = \frac{1}{2^n}$$

であり, また,

$$\sum_{z \in \{0,1\}^{n+1}} p_z(U) = 1$$

なので,

$$1 = \frac{1}{|\mathcal{U}_{n+1}|}\sum_{U,z} p_z(U) = \frac{1}{|\mathcal{U}_{n+1}|}\sum_{(z,U)\in S} p_z(U) + \frac{1}{|\mathcal{U}_{n+1}|}\sum_{(z,U)\notin S} p_z(U)$$
$$< \frac{1}{2^n|\mathcal{U}_{n+1}|}|S| + \frac{2^{n+1}|\mathcal{U}_{n+1}| - |S|}{|\mathcal{U}_{n+1}|}\frac{3\epsilon}{2^{n+1}\delta}$$

を得る. つまり,

$$\frac{|S|}{2^{n+1}|\mathcal{U}_{n+1}|} > \frac{1 - 3\epsilon/\delta}{2 - 3\epsilon/\delta}$$

である. よって,

$$|\tilde{q}_z(U) - p_z(U)| < \frac{p_z(U)}{poly} + \frac{p_z(U)}{3}\left(1 + \frac{1}{poly}\right)$$
$$= p_z(U)\left(\frac{1}{3} + \frac{1}{poly}\right)$$

が

$$F \equiv 1 - \delta - \frac{1}{2 - 3\epsilon/\delta}$$

以上の割合の (z, U) について成り立つ. たとえば, $\delta = 6\epsilon$ とすると,

$$F = \frac{1}{6}$$

となる. ここで,

$$p_z(U) = \frac{f(z, U)}{2^n}$$

なので，ある FBPP^{NP} アルゴリズムが存在し，それは $\tilde{q}_z(U)$ を出力し，

$$|\tilde{q}_z(U)2^n - f(z, U)| < f(z, U)\left(\frac{1}{3} + \frac{1}{poly}\right)$$

が $1/6$ 以上の割合の (z, U) について成り立つことになる．したがって，もし最初に提示した average case 予想が正しければ，多項式階層が第 3 レベルで崩壊することになる．

10.13　one-clean qubit がクリーンでない場合

DQC1 モデルは多少理想化しすぎている．実際の NMR においては，完全な偏極を得ることはできない．そこで初期状態として，

$$\left(\frac{1+\epsilon}{2}|0\rangle\langle 0| + \frac{1-\epsilon}{2}|1\rangle\langle 1|\right) \otimes \frac{I^{\otimes n-1}}{2^{n-1}} = \epsilon|0\rangle\langle 0| \otimes \frac{I^{\otimes n-1}}{2^{n-1}} + \frac{I^{\otimes n}}{2^n}$$

をとるような，もう少し現実的なモデルを考えよう．ここで，$0 \leq \epsilon \leq 1$ が偏極である．文献 [67] において，このモデルの出力確率分布が古典計算機で効率的にサンプルできれば，BQP が SBP に入ることが示された．これは BQP が多項式階層に入ることも意味するが，それは信じられていない．この帰結を多項式階層の崩壊に拡張できるかどうかは，重要な未解決問題である．また，この結果においてはすべての量子ビットを測定しているが，一つのみを測定した結果の確率分布に拡張できるかも重要な未解決問題である．

参考文献

[1] S. Aaronson, Is quantum mechanics an island in theoryspace? arXiv:quant-ph/0401062

[2] S. Aaronson, Quantum computing, postselection, and probabilistic polynomial-time. Proc. R. Soc. A **461**, 3473 (2005).

[3] S. Aaronson and A. Arkhipov, The computational complexity of linear optics. Theory Comput. **9**, 143 (2013).

[4] S. Aaronson and D. Gottesman, Improved simulation of stabilizer circuits. Phys. Rev. A **70**, 052328 (2004).

[5] S. Aaronson and J. Watrous, Closed timelike curves make quantum and classical computing equivalent. Proc. R. Soc. A **465**, 631 (2008).

[6] L. M. Adleman, J. Demarrais, and M. D. A. Huang, Quantum computability. SIAM J. Comput. **26**, 1524 (1997).

[7] D. Aharonov, A simple proof that Toffoli and Hadamard are quantum universal. arXiv:quant-ph/0301040

[8] D. Aharonov and A. Ta-Shma, Adiabatic quantum state generation and statistical zero knowledge. arXiv:quant-ph/0301023

[9] A. Ambainis, L. J. Schulman, and U. Vazirani, Computing with highly mixed states. J. ACM **53**, 507 (2006).

[10] S. Arora and B. Barak, Computational Complexity: A Modern Approach (Cambridge University Press, 2007).

[11] J. Barrett, N. de Beaudrap, M. J. Hoban, and C. M. Lee, The computational landscape of general physical theories. arXiv:1702.08483

[12] S. Barz, E. Kashefi, A. Broadbent, J. F. Fitzsimons, A. Zeilinger, and P. Walther, Demonstration of blind quantum computing. Science **335**, 303 (2012).

[13] C. H. Bennett, E. Bernstein, G. Brassard, and U. Vazirani, Strengths and weaknesses of quantum computing. SIAM J. Comput. **26**, 1510 (1997).

[14] E. Böhler, C. Glaßer, and D. Meister, Error-bounded probabilistic computations between MA and AM. J. Comput. Syst. Sci. **72**, 1043 (2006).

[15] R. B. Boppana, J. Hastad, and S. Zachos, Does co-NP have short interactive proofs? Inform. Process. Lett. **25**, 127 (1987).

[16] P. O. Boykin, T. Mor, M. Pulver, V. Roychowdhury, and F. Vatan, On universal and fault-tolerant quantum computing. arXiv:quant-ph/9906054

[17] S. Bravyi and A. Kitaev, Universal quantum computation with ideal Clifford gates and noisy ancillas. Phys. Rev. A **71**, 022316 (2005).

[18] M. J. Bremner, R. Jozsa, and D. J. Shepherd, Classical simulation of

commuting quantum computations implies collapse of the polynomial hierarchy. Proc. R. Soc. A **467**, 459 (2011).

[19] M. J. Bremner, A. Montanaro, and D. J. Shepherd, Average-case complexity versus approximate simulation of commuting quantum computations. Phys. Rev. Lett. **117**, 080501 (2016).

[20] A. Broadbent, J. Fitzsimons, and E. Kashefi, Universal blind quantum computation. Proceedings of the 50th IEEE Symposium on Foundations of Computer Science, pp. 517–526 (2009).

[21] H. Buhrman, R. Cleve, and A. Wigderson, Quantum vs. classical communication and computation. Proceedings of the 30th Annual ACM Symposium on Theory of Computing, pp. 63–68 (1998).

[22] A. C. Cem Say and A. Yakaryilmaz, Computation with multiple CTCs of fixed length and width. Natural Comput. **11**, 579 (2012).

[23] D. Deutsch, Quantum mechanics near closed timelike lines. Phys. Rev. D **44**, 3197 (1991).

[24] V. Dunjko, J. F. Fitzsimons, C. Portmann, and R. Renner, Composable security of delegated quantum computation. Lecture Notes in Computer Science **8874**, pp. 406–425 (2014).

[25] S. A. Fenner, PP-lowness and a simple definition of AWPP. Theory Comput. Systems **36**, 199 (2003).

[26] S. A. Fenner, L. J. Fortnow, and S. A. Kurtz, Gap-definable counting classes. J. Comput. Syst. Sci. **48**, 116 (1994).

[27] S. Fenner, F. Green, S. Homer, and R. Pruim, Determining acceptance probability for a quantum computation is hard for the polynomial hierarchy. Proc. R. Soc. Lond. A **455**, 3953 (1999).

[28] L. Fortnow and J. Rogers, Complexity limitations on quantum computation. J. Comput. Syst. Sci. **59**, 240 (1999).

[29] K. Fujii, H. Kobayashi, T. Morimae, H. Nishimura, S. Tamate, and S. Tani, Power of quantum computation with few clean qubits. Proceedings of 43rd International Colloquium on Automata, Languages, and Programming (ICALP 2016), pp. 13:1–13:14 (2016).

[30] K. Fujii and T. Morimae, Quantum commuting circuits and complexity of Ising partition functions. New J. Phys. **19**, 033003 (2017).

[31] J. Gao, Quantum union bounds for sequential projective measurements. Phys. Rev. A **92**, 052331 (2015).

[32] C. Gentry, Fully homomorphic encryption using ideal lattices, Proceedings of the 41st Annual ACM Symposium on Theory of Computing. pp. 169–178 (2009).

[33] K. Gödel, An example of a new type of cosmological solutions of Einstein's field equations of gravitation. Rev. Mod. Phys. **21**, 447 (1949).

[34] D. Gottesman, The Heisenberg representation of quantum computers.

arXiv:quant-ph/9807006

[35] A. B. Grilo, I. Kerenidis, and J. Sikora, QMA with subset state witnesses. Lecture Notes in Computer Science **9235**, pp. 163–174 (2015).

[36] L. K. Grover, Quantum mechanics helps in searching for a needle in haystack. Phys. Rev. Lett. **79**, 325 (1997).

[37] Y. Han, L. Hemaspaandra, and T. Thierauf, Threshold computation and cryptographic security. SIAM J. Comput. **26**, 59 (1997).

[38] A. Harrow and A. Montanaro, Testing product states, quantum Merlin-Arthur games and tensor optimization. J. ACM **60**, 3 (2013).

[39] M. Hayashi and T. Morimae, Verifiable measurement-only blind quantum computing with stabilizer testing, Phys. Rev. Lett. **115**, 220502 (2015).

[40] R. Jain, Z. Ji, S. Upadhyay, and J. Watrous, QIP = PSPACE. J. ACM **58**, 30 (2011).

[41] D. Janzing, P. Wocjan, and T. Beth, Non-identity-check is QMA-complete. Int. J. Quant. Inf. **3**, 463 (2005).

[42] R. Jozsa and A. Miyake, Matchgates and classical simulation of quantum circuits. Proc. R. Soc. A **464**, 3089 (2008).

[43] J. Kempe, A. Kitaev, and O. Regev, The complexity of the local Hamiltonian problem. SIAM J. Comput. **35**, 1070 (2006).

[44] J. Kempe, H. Kobayashi, K. Matsumoto, and T. Vidick, Using entanglement in quantum multi-prover interactive proofs. Comput. Complex. **18**, 273 (2009).

[45] J. Kempe and O. Regev, 3-local Hamiltonian is QMA-complete. Quant. Inf. Comput. **3**, 258 (2003).

[46] E. Knill, Quantum randomness and nondeterminism. arXiv:quant-ph/9610012

[47] E. Knill, Fermionic linear optics and matchgates. arXiv:quant-ph/0108033

[48] E. Knill and R. Laflamme, Power of one bit of quantum information. Phys. Rev. Lett. **81**, 5672 (1998).

[49] A. Yu. Kitaev, Quantum computations: algorithms and error correction. Russ. Math. Surv. **52**, 1191 (1997).

[50] A. Yu. Kitaev, Fault-tolerant quantum computation by anyons. Ann. Phys. **303**, 2 (2003).

[51] A. Yu. Kitaev, A. H. Shen, and M. N. Vyalyi, Classical and Quantum Computation. Volume 47 of Graduate Studies in Mathematics (American Mathematical Society, 2002).

[52] A. Kitaev and J. Watrous, Parallelization, amplification, and exponential time simulation of quantum interactive proof systems. Proceedings of the 32nd Annual ACM Symposium on Theory of Computing, pp. 608–617 (2000).

[53] 小柴健史, 藤井啓祐, 森前智行, 観測に基づく量子計算（コロナ社, 2017）.

[54] H. Kobayashi, K. Matsumoto, and T. Yamakami, Quantum certificate verification: single versus multiple quantum certificates. arXiv:quant-ph/0110006

[55] H. Kobayashi, K. Matsumoto, and T. Yamakami, Quantum Merlin–Arthur

proof systems: Are multiple Merlins more helpful to Arthur? Lecture Notes in Computer Science **2906**, pp. 189–198 (2003).

[56] G. Kuperberg, How hard is it to approximate the Jones polynomial? Theory Comput. **11**, 183 (2015).

[57] C. M. Lee and J. Barrett, Computation in generalised probabilistic theories. New J. Phys. **17**, 083001 (2015).

[58] L. Li, On the counting functions. Ph.D. thesis, University of Chicago (1993).

[59] K. Li and G. Smith, Quantum de Finetti theorem under fully-one-way adaptive measurements. Phys. Rev. Lett. **114**, 160503 (2015).

[60] Y. K. Liu, M. Christandl, and F. Verstraete, Quantum computational complexity of the N-representability problem: QMA complete. Phys. Rev. Lett. **98**, 110503 (2007).

[61] C. Marriott and J. Watrous, Quantum Arthur–Merlin games. Comput. Complex. **14**, 122 (2005).

[62] J. Miller and A. Miyake, Hierarchy of universal entanglement in 2D measurement-based quantum computation. npj Quant. Inf. **2**, 16036 (2016).

[63] T. Morimae, Hardness of classically sampling one clean qubit model with constant total variation distance error. arXiv:1704.03640; to appear in Phys. Rev. A Rapid Comm.

[64] T. Morimae and K. Fujii, Blind quantum computation protocol in which Alice only makes measurements. Phys. Rev. A **87**, 050301(R) (2013).

[65] T. Morimae, K. Fujii, and J. F. Fitzsimons, Hardness of classically simulating the one clean qubit model. Phys. Rev. Lett. **112**, 130502 (2014).

[66] T. Morimae, K. Fujii, and H. Nishimura, Quantum Merlin–Arthur with noisy channel. arXiv:1608.04829

[67] T. Morimae, K. Fujii, and H. Nishimura, Power of one non-clean qubit. Phys. Rev. A **95**, 042336 (2017).

[68] T. Morimae, M. Hayashi, H. Nishimura, and K. Fujii, Quantum Merlin–Arthur with Clifford Arthur. Quant. Inf. Comput. **15**, 1420 (2015).

[69] T. Morimae, D. Nagaj, and N. Schuch, Quantum proofs can be verified using only single qubit measurements. Phys. Rev. A **93**, 022326 (2016).

[70] T. Morimae and H. Nishimura, Quantum interpretations of AWPP and APP. Quant. Inf. Comput. **16**, 0498 (2016).

[71] T. Morimae, H. Nishimura, and F. Le Gall, Modified group non-membership is in promise-AWPP relative to group oracles. Quant. Inf. Comput. **17**, 0242 (2017).

[72] T. Morimae, Y. Takeuchi, and M. Hayashi, Verified measurement-based quantum computing with hypergraph states. arXiv:1701.05688

[73] M. A. Nielsen and I. L. Chuang, Quantum Computation and Quantum Information (Cambridge University Press, 2000). (『量子コンピュータと量子通信〈I〉–〈III〉』木村達也訳, オーム社, 2005)

[74] R. O'Donnell and A. C. Cem Say, One time-traveling bit is as good as logarithmically many. Proceedings of the 34th International Conference on Foundation of Software Technology and Theoretical Computer Science (FSTTCS 2014), pp. 469–480 (2014).

[75] T. Ogawa and H. Nagaoka, A new proof of the channel coding theorem via hypothesis testing in quantum information theory. arXiv:quant-ph/0208139

[76] S. Popescu and D. Rohrlich, Quantum nonlocality as an axiom. Found. Phys. **24**, 379 (1994).

[77] R. Raussendorf and H. J. Briegel, A one-way quantum computer. Phys. Rev. Lett. **86**, 5188 (2001).

[78] R. Raz, Exponential separation of quantum and classical communication complexity. Proceedings of the 31st Annual ACM Symposium on Theory of Computing, pp. 358–367 (1999).

[79] B. Rosgen and J. Watrous, On the hardness of distinguishing mixed-state quantum computations. Proceedings of the 20th Conference on Computational Complexity, pp. 344–354 (2005).

[80] M. Rossi, M. Huber, D. Bruß, and C. Macchiavello, Quantum hypergraph states. New J. Phys. **15**, 113022 (2013).

[81] A. Sahai and S. P. Vadhan, A complete promise problem for statistical zero-knowledge. Proceedings of the 38th Annual Symposium on Foundations of Computer Science, pp. 448–457 (1997).

[82] J. J. Sakurai, Modern Quantum Mechanics, San Fu Tuan, ed. (Benjamin/ Cummings, 1985). (『現代の量子力学〈上〉〈下〉』桜井明夫訳, 吉岡書店, 2004–2005)

[83] Y. Shi, Both Toffoli and controlled-NOT need little help to do universal quantum computation. arXiv:quant-ph/0205115

[84] P. W. Shor and S. P. Jordan, Estimating Jones polynomials is a complete problem for one clean qubit. Quant. Inf. Comput. **8**, 681 (2008).

[85] D. R. Simon, On the power of quantum computation. Proceedings of the 35th Annual Symposium on Foundations of Computer Science, pp. 116–123 (1994).

[86] M. Sipser, Introduction to the Theory of Computation (PWS Publishing Company, 1997). (『計算理論の基礎』太田和夫・渡辺治監訳, 共立出版, 2000)

[87] J. B. Spring et al., Boson sampling on a photonic chip. Science **339**, 798 (2013).

[88] L. Stockmeyer, On approximation algorithms for #P. SIAM J. Comput. **14**, 849 (1985).

[89] Y. Takeuchi and T. Morimae, in preparation.

[90] B. M. Terhal and D. P. DiVincenzo, Classical simulation of noninteracting-fermion quantum circuits. Phys. Rev. A **65**, 032325 (2002).

[91] B. M. Terhal and D. P. DiVincenzo, Adaptive quantum computation, constant depth quantum circuits and Arthur–Merlin games. Quant. Inf. Comput. **4**, 134 (2004).

[92] M. Tillmann et al., Experimental boson sampling. Nature Photonics **7**, 540 (2013).

[93] S. Toda, PP is as hard as the polynomial-time hierarchy. SIAM J. Comput. **20**, 865 (1991).

[94] L. G. Valiant, Quantum circuits that can be simulated classically in polynomial time. SIAM J. Comput. **31**, 1229 (2002).

[95] T. Vidick and J. Watrous, Quantum proofs. Foundations and Trends in Theoretical Computer Science **11**, 1 (2016).

[96] M. N. Vyalyi, QMA = PP implies that PP contains PH. Electronic Colloquium on Computational Complexity, Report No. 21 (2003).

[97] J. Watrous, PSPACE has constant-round quantum interactive proof systems. Proceedings of the 40th Annual Symposium on Foundations of Computer Science, pp. 112–119 (1999).

[98] J. Watrous, Succinct quantum proofs for properties of finite groups. Proceedings of the 41st Annual Symposium on Foundations of Computer Science (FOCS 2000), pp. 537–546 (2000).

[99] J. Watrous, Limits on the power of quantum statistical zero-knowledge. Proceedings of the 43rd Annual Symposium on Foundations of Computer Science, pp. 459–468 (2002).

[100] J. Watrous, Quantum computational complexity. arXiv:0804.3401

[101] M. M. Wilde, From classical to quantum Shannon theory. arXiv:1106.1445

[102] A. Winter, Coding theorem and strong converse for quantum channels. IEEE Trans. Inform. Theory **45**, 2481 (1999).

[103] T. Yamakami and A. C. Yao, $NQP_C = co\text{-}C_= P$. Inform. Process. Lett. **71**, 63 (1999).

索 引

著 者 略 歴

森前　智行（もりまえ・ともゆき）
2004 年　東京大学教養学部基礎科学科卒業
2006 年　東京大学大学院総合文化研究科博士前期課程修了（広域科学専攻）
2009 年　東京大学大学院総合文化研究科博士後期課程修了（広域科学専攻）
2010 年　リール第一大学（フランス）博士研究員
2011 年　パリ東大学（フランス）博士研究員
2012 年　インペリアルカレッジロンドン（イギリス）日本学術振興会海外
　　　　　特別研究員
2013 年　群馬大学先端科学研究指導者育成ユニット助教
2017 年　群馬大学大学院理工学府電子情報部門准教授
2018 年　京都大学基礎物理研究所講師
　　　　　現在に至る
　　　　　博士（学術）

編集担当	福島崇史(森北出版)
編集責任	上村紗帆(森北出版)
組　版	ブレイン
印　刷	ワコープラネット
製　本	ブックアート

量子計算理論
量子コンピュータの原理　　　　　　　　　　　　　　ⓒ 森前智行　2017

2017 年 11 月 13 日　第 1 版第 1 刷発行　　　【本書の無断転載を禁ず】
2018 年 1 月 10 日　第 1 版第 2 刷発行

著　　者　森前智行
発 行 者　森北博巳
発 行 所　森北出版株式会社
　　　　　東京都千代田区富士見 1-4-11　（〒102-0071）
　　　　　電話 03-3265-8341／FAX 03-3264-8709
　　　　　http://www.morikita.co.jp/
　　　　　日本書籍出版協会・自然科学書協会　会員
　　　　　JCOPY ＜(社)出版者著作権管理機構　委託出版物＞

落丁・乱丁本はお取替えいたします.

Printed in Japan／ISBN 978-4-627-85401-7